AF253648

RÉPLIQUE

A LA NOTE RÉFUTATIVE

DE M. BENAÏAD.

RÉPLIQUE

A LA NOTE RÉFUTATIVE

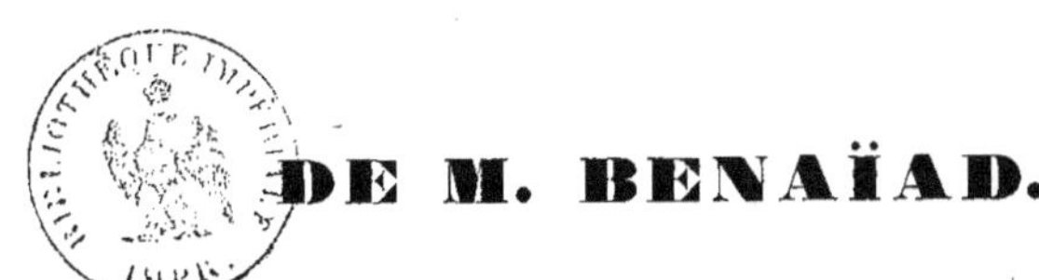

DE M. BENAÏAD.

1854

À en croire M. Benaïad, tout ce qui lui est opposé dans ce débat n'est guère qu'un tissu de diffamations et d'injures. Affichant la prétention de n'être pas seulement tenu pour un homme probe et honnête, mais encore d'être à l'abri de tout soupçon d'indélicatesse dans ses relations d'affaires avec Son Altesse le Bey, il s'indigne des expressions plus ou moins qualificatives qui se rencontrent dans les notes du soussigné, et pour rendre plus odieuse la calomnie dont il se plaint, il lui prête des expressions que ses habitudes, en fait de convenances, auraient suffi pour lui interdire.

Cette tendance à passionner le débat, et le pompeux étalage de mots sous lequel M. Benaïad déguise les défectuosités de sa cause, avec une habileté du reste incontestable, ne feront pas départir le soussigné de ce qu'il continue d'appeler sa *modération*, ainsi que de la logique simplicité avec laquelle il traite chaque point de la discussion, et suit au besoin son adversaire dans ses détours artificieux.

CHAPITRE PREMIER.

Désireux de mettre autant d'ordre que possible dans la présente Réplique, le soussigné s'adaptera à celui qu'a suivi son adversaire ; il s'occuperait donc immédiatement de l'article des *valeurs né-gociables*, par où M. Benaïad commence son Mémoire, s'il n'avait pas fait l'observation qui suit : les *valeurs négociables*, soit les teskérés d'exportation d'huile, n'ayant été concédées à M. Benaïad qu'en vue et pour cause des achats qu'il prétendait lui être nécessaires pour les besoins du service dont il était chargé, il a paru naturel et conséquent de ne s'occuper de ces mêmes teskérés qu'après avoir traité de l'objet pour lequel ils ont été créés. C'est pourquoi l'on parlera d'abord de la Rabta, de l'Aalpha et de la Koucha, qui composent le service que l'on vient d'indiquer.

ARTICLE PREMIER.

De la Rabta, de l'Aalpha, de la Koucha.

La confiance affectée avec laquelle M. Benaïad aborde de nouveau, dans sa Note justificative (chapitre Iᵉʳ), à propos des valeurs négociables, la question de la Rabta et de l'Aalpha, soit les fournitures de blés et orges, n'est nullement justifiée par la manière dont il soutient ses prétentions à ce sujet, contenues dans la Note explicative (chapitres II et IV), non encore répondue par M. Be-naïad, et qui pourraient dispenser d'y revenir. La réfutation des derniers moyens par lui employés serait bien superflue, n'était l'importance de la réclamation dont il s'agit.

Comme précédemment, M. Benaïad se fait une arme, qu'il prétend toute-puissante et victorieuse, des amhras ou ordonnances du Bey portant, suivant lui, le règlement de ses comptes avec Son Altesse.

On ne sait vraiment sur quoi M. Benaïad peut fonder une si étrange interprétation. S'il se rap-porte aux amhras connus du soussigné, il est vraiment sans prétexte pour y voir des quittances générales des comptes qu'il avait à rendre à Son Altesse ; s'il veut parler d'amhras encore inconnus du soussigné, il aurait dû les exhiber. Tout ce qu'il est possible de voir dans les amhras qu'il a produits, c'est qu'il y rend un compte partiel de ses opérations, c'est-à-dire qu'il y énonce les four-nitures par lui faites, ainsi qu'une partie de ses recettes, telles qu'elles sont détaillées sur les regis-tres du Gouvernement.

La lecture de ces amhras démontrant clairement, ainsi qu'on l'a déjà dit, qu'ils sont, dans leurs termes et dans leur signification, restreints à des fournitures et à des recettes spéciales et par-tielles, ils ne peuvent pas s'étendre à des recettes qui ne se trouvent pas portées dans les registres,

registres qui ne sont que le détail même de ces amhras; or, les registres ne fournissant pas la moindre mention de certaines recettes, telles, par exemple, que celle d'une portion de la dîme du Sahel, etc., désignées dans les comptes de la Rabta et de l'Aalpha dans la Note explicative (pages 13 et 15), comment M. Benaïad pourrait-il se faire un titre de ces amhras pour ce qui concerne ces sortes de recettes ?

De plus, comme ces amhras ne contiennent rien qui ait rapport aux bonifications que M. Benaïad avait pris l'obligation de payer à Son Altesse dans les mêmes proportions que celles données par ses prédécesseurs, Bahram pour la Rabta, Ben-Abbas pour l'Aalpha, et Bahrini pour la Koucha, l'insuffisance des amhras invoqués aux fins que se propose M. Benaïad, est évidemment justifiée.

Il est une observation sur laquelle il est important de revenir, c'est que M. Benaïad ayant traité *secrètement* avec Son Altesse du fermage de la Rabta, de l'Aalpha et de la Koucha, ainsi que d'autres encore, les fonctionnaires du Gouvernement par qui les registres étaient tenus, se trouvaient dans l'impossibilité de contrôler la comptabilité de M. Benaïad et de la régler suivant des conditions qu'ils ignoraient; ils ne pouvaient que transcrire littéralement sur ces registres les comptes que leur présentait M. Benaaïd; ainsi ces registres ne contiennent, sur les bonifications dont on vient de parler, que les chiffres qu'il a convenu à M. Benaïad d'y faire porter, et ces chiffres sont très-inférieurs à ce qu'ils devraient être.

Tout ce qui précède rend donc indispensable la nécessité où M. Benaïad se trouve placé, de présenter enfin un compte général embrassant l'ensemble des opérations dont il a été chargé par Son Altesse, établi conformément aux conditions qui lui étaient imposées par ses contrats, ou bien de se soumettre au compte présenté par le soussigné, qui est basé sur ces conditions contractuelles (pages 13 et 15 de la Note explicative).

M. Benaïad comprend fort bien que les registres du Gouvernement sont en quelque sorte les témoins de ses infidélités, par cela même qu'on n'y rencontre pas les bonifications qu'il devait faire dans les proportions auxquelles il était tenu ; il sait bien aussi que pour vérifier ses comptes, il faut recourir à ces registres, ainsi que cela résulte du texte même des amhras de comptes qu'il invoque; c'est pour cela qu'il cherche à affaiblir la valeur de ces registres, en supposant qu'ils doivent être revêtus non-seulement de la signature de Son Altesse, mais encore de la sienne, alors qu'il sait fort bien qu'un tel usage n'a jamais existé à Tunis. Le Bey signe quelquefois les registres contenant des comptes importants, afin que ces comptes soient plus spécialement tenus pour authentiques et véritables; mais jamais aucun agent, fonctionnaire ou intéressé à ces comptes, ne vient signer et corroborer par là, pour ainsi dire, la signature de son maître. En imaginant la double signature, M. Benaïad se réserve cet échappatoire, que les registres du palais, soit du Gouvernement, qui pourront être produits, ne sont pas ceux qui le concernent, et qu'ils n'ont pas une forme régulière.

Ainsi qu'on l'a déjà dit, ce sont donc les registres du palais relatifs auxdits comptes qui doivent servir de base à leur règlement. Nulle contestation ne lui est faite pour toutes les quotités qui sont portées dans ces registres, tant à son débit qu'à son crédit; mais, d'un autre côté, il ne peut s'agir de lui allouer celles qui n'y seraient pas mentionnées, aucune suspicion ne pouvant s'élever contre la sincérité des comptes portés dans un tel document, et M. Benaïad s'abstenant lui-même d'en élever ; il est d'autant plus irrécusable que les amhras qui sont en sa possession portent la totalité des détails contenus dans les registres.

Ce que l'on vient de dire plus spécialement de la Rabta et des amhras y relatifs, s'applique, par les mêmes raisons aux amhras concernant l'Aalpha et la Koucha, qui sont invoqués sans plus de fondement par M. Benaïad.

La liaison des matières engage le soussigné à parler ici du compte que M. Benaïad prétend opposer au sujet des 15,000 caffis de blé et 15,000 caffis d'orge, pour lesquels il a obtenu les dix millions de teskérés d'exportation d'huile, qui sont l'objet de l'amhra d'achat du 3 Sfar 1268. M. Benaïad, lui, ne traite de cet article qu'à propos des fournitures de blé et d'orge (page 38 et suivantes de sa Note réfutative).

A la date de cet amhra, M. Benaïad redevait, d'après le dernier compte qu'il a présenté, 11,071 caffis de blé et 5,071 caffis d'orge.

Il prétend, d'un autre côté, qu'à son départ, qui a eu lieu peu de temps après le susdit amhra , il aurait fourni au Gouvernement des bons de Son Altesse pour 26,945 caffis 1/2 de blé et pour 33,412 caffis d'orge. Formant son compte sur ces deux éléments, et prétendant faire imputer les 15,000 caffis de blé et les 15,000 caffis d'orge de l'amhra dans les quantités ci- dessus de blé et d'orge, il en déduit un solde en sa faveur de 847 caffis 1/2 de blé et de 13,240 caffis d'orge, d'où il conclut que l'engagement contracté par l'amhra a été plus que rempli de sa part.

On répondra d'abord à M. Benaïad, qu'en employant un pareil système de défense, il fournit lui-même la preuve la plus certaine de la simulation et de la fraude avec lesquelles il aurait opéré dans le contrat qui renferme l'amhra dont il s'agit. En effet, puisqu'à la date de cet amhra, M. Benaïad aurait déjà versé des quantités de céréales supérieures à celles qu'il s'engageait à fournir aux termes de l'amhra même, comment pouvait-il prendre l'engagement d'une fourniture qui, suivant lui, se trouvait effectuée déjà, alors surtout qu'il avait l'intention, qu'il a réalisée, de comprendre les quantités portées dans l'amhra, dans celles des 26,945 caffis 1/2 de blé et 33,412 caffis d'orge prétendus versés auparavant ?

L'explication de cet engagement et de ce qui l'a amené de sa part, le soussigné va la donner pour M. Benaïad, et les faits la fournissent du reste naturellement.

Lorsqu'il faisait signer à Son Altesse l'amhra dont il s'agit, il n'était qu'à quelques mois de l'époque de son départ pour la France. Certes on n'imaginera pas que chez un homme dont les combinaisons se montrent aussi réfléchies que chez M. Benaïad, et s'agissant d'une résolution aussi importante et aussi décisive que celle d'un départ qui devait être sans retour, la résolution de ce départ ne fût pas bien arrêtée dans son esprit aussi peu de temps auparavant. Ayant à transporter à l'étranger sa colossale fortune, c'était bien le moins que tous ses arrangements et ses soins quelconques d'affaires fussent pris dans le sens de la séparation de ses plus grands intérêts d'avec la régence de Tunis.

En contractant avec le Bey, par l'amhra du 3 Sfar 1268, des engagements qu'il n'avait pas et ne pouvait avoir l'intention de remplir, ainsi que le démontre sa conduite, il avait donc nécessairement pour but de s'attirer la concession de dix millions de teskérés de la part de Son Altesse, non pas pour des fournitures à faire, mais pour des fournitures déjà faites, du moins dans son système.

L'intérêt qu'il avait à procéder de cette façon, c'est celui qu'on va dire :

Ainsi qu'on l'a vu ci-devant et ailleurs, dans les notes du soussigné, M. Benaïad était obligé à des bonifications dans ses fournitures, telles que les avaient faites ses prédécesseurs dénommés. Suivant qu'on l'a également vu, M. Benaïad n'a jamais fait de pareilles bonifications au Gouvernement; et comme il n'avait jamais rendu un compte général de ses opérations, il régnait sur ce point comme sur bien d'autres, une certaine obscurité, de certains malentendus qui étaient tout à fait dans les intérêts et dans les convenances de M. Benaïad, en le dispensant d'en venir à un règlement général ; car enfin, sommé de rendre compte de ces bonifications prescrites par son contrat, il n'aurait pu, tandis qu'il était encore le fournisseur de Son Altesse, et résidant dans ses États, opposer nettement qu'il n'était nullement tenu à ces mêmes bonifications.

Ce qu'il avait surtout en vue en obtenant l'amhra d'achat, c'était de sauver les quantités de céréales qu'il s'était retenues contrairement à ses obligations. Ne pouvant pas les emporter, ni même faire savoir qu'il les possédait, car cela aurait pu provoquer des soupçons et une enquête qu'il avait le plus grand intérêt d'éviter, il a usé du stratagème d'un prétendu achat à faire, pour obtenir (on pourrait se servir d'un autre mot) les dix millions de teskérés d'huile, en prétextant des besoins d'approvisionnements qui n'existaient d'aucune manière.

Ses combinaisons le conduisaient plus loin ; c'est qu'après avoir réalisé son projet de départ, et ayant, comme on dit, *main garnie*, il pouvait tout à son aise prétendre que les 26,945 caffis 1/2 de blé et les 33,412 caffis orge devaient s'appliquer aux fournitures qu'il s'était imposées par l'amhra d'achat du 3 Sfar 1263, et que, cette application faite, il restait encore un solde à son actif.

Ce qui vient à l'appui de ces observations, c'est que M. Benaïad a eu soin, toujours pour ne pas éveiller les soupçons, de ne remettre au notaire du Gouvernement, les bons des prétendus 26,945 caffis 1/2 blé et les 33,412 caffis d'orge, que juste au moment de son départ. En effet, si M. Benaïad n'avait pas eu à craindre la connaissance de la vérité de la part du Gouvernement tunisien, il aurait infailliblement réglé ce compte avec lui; il aurait, par contre, reçu des teskérés jusqu'à concurrence des quantités réellement fournies ; telle était, dit-on, la conduite à tenir de sa part, au lieu d'inventer un prétendu besoin de céréales, et de s'engager à faire une fourniture qu'il devait plus tard soutenir être faite à cette date même.

M. Benaïad, par le susdit amhra, a contracté des engagements qu'il avait très-certainement l'intention de ne pas remplir, surtout dans la perspective de son départ bien résolu, et que dans tous les cas il n'aurait pu remplir dans l'intervalle de l'amhra à ce départ. Il eut d'ailleurs bien soin, dès son arrivée à Paris, de prohiber à ses agents de Tunis l'exécution de ses engagements sur le point des fournitures.

En persuadant au Bey de souscrire cet amhra, il faisait deux choses aussi profitables pour lui dans l'intention qui le dirigeait, qu'elles étaient contraires à toute bonne foi : la première, c'était, par cette manœuvre, car l'on vient de voir que c'en était une véritable, d'éviter de satisfaire à ses engagements antérieurs quant aux quantités de céréales dont il est redevable au Gouvernement ; la seconde, de se procurer fort commodément le bénéfice des dix millions de teskérés ; en d'autres termes, de se faire payer par Son Altesse le prix des mêmes blés dont il lui doit compte d'ailleurs.

Quoi qu'il en soit de ses véritables intentions dans cette affaire, la ruse et la fraude ne pouvant changer le droit ni les faits dont il découle, ce qui reste certain et incontestable, c'est, d'une part, que les 26,945 caffis 1/2 blé et les 33,412 caffis d'orge sont partiellement acquis au compte que doit rendre M. Benaïad sur la base des bonifications qu'il devait faire ; et d'autre part, que n'ayant fourni, ni en totalité, ni en partie, les quantités de céréales auxquelles il était tenu, les teskérés de dix millions sont passés, sans cause ni motifs, entre ses mains, et conséquemment il doit en faire la restitution, qu'il les ait ou non livrés lui-même à des mains tierces, ce qui ne touche en rien à la question.

On voit par ce qui précède, et par toutes les déductions des amhras de comptes obtenus du Bey par M. Benaïad, que le soussigné n'a pas besoin pour repousser les prétendus règlements de comptes qu'il invoque, de se fonder uniquement, comme il l'allègue, sur la trop grande facilité de Son Altesse à admettre pour vraies et fondées les allégations intéressées de M. Benaïad, dans lequel le Bey avait, à cette époque, la plus extrême confiance. Quelque fâcheuses que soient les conséquences de cet entraînement trop réel, et si honorable pour la moralité du Bey, il n'y a rien cependant dans les amhras que M. Benaïad parvenait à lui faire signer, qui ne permette un établissement régulier de comptabilité sur la seule base qui puisse être admise, c'est-à-dire celle des contrats passés avec lui. Chatouilleux sur l'honneur, comme il se montre avec affectation dans ce litige, ne devrait-il pas reconnaître que ce n'est qu'en réglant ses comptes sur cet élément, qui fait loi pour lui, que M. Benaïad donnera une preuve de sa loyauté, et non en se renfermant dans une fin de non-recevoir, à l'abri de laquelle il espère dissimuler ses détournements.

Il serait vraiment plaisant si la matière n'était aussi sérieuse, et la cause elle-même aussi grave, que M. Benaïad prétendît, que le soussigné a accepté ses comptes en généralité, et qu'il n'y relève que des *erreurs*.

Eh quoi ! tous les raisonnements employés, tous les documents et pièces produits auxquels ces raisonnements se rattachent, n'ont d'autre objet que de démontrer les vices radicaux qui entachent sa comptabilité, qu'il manque toujours de conformer aux obligations de ses contrats, comme pour les bonifications de céréales, qu'il mêle de prétentions et de chiffres non justifiés, et qu'enfin il ne coordonne pas dans un compte général, suivant l'obligation et l'usage de tout comptable, et il vient lui, M. Benaïad, à la fin du litige, prétendre que cette comptabilité est admise comme sincère et légitime, et que l'on n'y relève tout au plus que des *erreurs !* Toute la déclamation à laquelle il se livre à cet égard (page 39 et 40 de sa Note réfutative) repose uniquement sur l'emploi que le soussigné a fait du mot *erreur* dans sa note lithographiée, comme si, en lui reprochant des *erreurs,* on renonçait à trouver ses comptes vicieux et inacceptables sous tous les autres rapports.

Le mot *erreur* n'ayant d'ailleurs été employé que touchant les bonifications dues par M. Benaïad et non portées dans ses comptes, il est apparent qu'il exprime dans une forme polie, toujours préférée par le soussigné, la violation des engagements, et par suite une *erreur* aussi volontaire que déloyale.

Comment satisfaire M. Benaïad, qui tantôt se plaint avec amertume d'être rudement traité, en prêtant lui-même à son adversaire des qualifications dont il n'a pas usé, et tantôt retourne contre lui des expressions trop modérées ?

On ne s'arrête pas au reproche d'obscurité dont il fait suivre le passage auquel il vient d'être répondu ; on laissera à l'apprécier par MM. les Membres du Comité ; il est aussi peu compréhensible de la part de M. Benaïad, que celui d'avoir avec lui une discussion qui ne soit qu'une série de *subtilités* et de *faux-fuyants insaisissables,* puisqu'il répond article par article au mémoire du soussigné, en homme qui a très-bien compris, sauf peut-être quand il ne lui convient pas de comprendre ou de répondre. Cette méthode prouve à la fois qu'il se rend bien compte de ce qui lui est opposé, et que chaque point mérite dans son opinion une réponse positive et spéciale.

ARTICLE 2.

Des teskérés d'exportation d'huile.

Relativement aux teskérés d'exportation d'huile, le soussigné peut se référer à ce qu'il a dit dans sa note lithographiée et dans le chapitre IV de sa Note explicative.

La seule cause de la concession portée dans ces teskérés a été la nécessité dans laquelle M. Benaïad prétendait se trouver, d'acheter du blé et de l'orge pour fournir au service, comme le soussigné l'a prouvé dans les 2ᵉ et 4ʳ chapitres de sa Note explicative.

On a peine à comprendre le sérieux avec lequel M. Benaïad demande si les troupes auxquelles les fournitures en question devaient être appliquées, sont mortes de faim, ou si elles n'ont pas été effectivement nourries. En proposant ce singulier argument, M. Benaïad feint d'oublier que les troupes ont été nourries par les céréales qu'il avait retenues à son profit, au lieu de les verser dans les magasins du Gouvernement, conformément à l'obligation qu'il s'était imposée par son contrat. Cette obligation, comme on l'a déjà dit, consistait à bonifier au Gouvernement une quantité de céréales égale à celle dont l'avaient bonifié ses prédécesseurs indiqués aux chapitres de la Rabta. C'est donc avec les céréales qui appartenaient au Gouvernement qu'on a nourri les troupes, et c'est le prix de ces mêmes céréales qu'il prétend se faire payer au moyen des teskérés d'exportation d'huile.

C'est ainsi que, dans toute cette affaire, M. Benaïad a procédé, surprenant toujours la religion de Son Altesse. Pour avoir été sujet à ce malheur trop ordinaire aux souverains, et qui est l'effet d'une générosité trop confiante, ce prince n'est et n'était *ni incapable, ni ridicule, ni déplorablement crédule,* comme M. Benaïad prétend audacieusement que le soussigné le considère ; mais entraîné par sa trop grande bonté, il ne faisait pas servir alors son intelligence et le grand sens qui le distingue à la confiante estime que M. Benaïad avait su lui inspirer, erreur à laquelle les belles âmes seules sont sujettes.

Relativement au prétendu transport des teskérés, le soussigné n'a plus à faire que de courtes observations.

Le transport fait à la maison Pastré réunit tous les caractères de la simulation, on l'a suffisamment démontré ailleurs ; il est, dans tous les cas, nul et non avenu par rapport au Gouvernement tunisien, à raison de ce que les droits prétendus transportés n'avaient ni cause, ni existence réelle, par l'effet de l'inexécution des engagements dont dépendait la concession de ces mêmes droits.

La Note réfutative n'ôte rien à la solidité de cette démonstration. Ne pouvant l'affaiblir, et poursuivant son système originaire, qui a été évidemment de forcer la main du Gouvernement tunisien par ce transport fictif et simulé, M. Benaïad prétend (page 21 de sa Note réfutative) que les teskérés étaient des *eff ts au porteur*, dont le nantissement aux mains d'un tiers suffit pour obliger au paiement de leurs valeurs. Ce qui prouve que la théorie tardivement imaginée par M. Benaïad à l'égard de ces teskérés n'a rien d'admissible, c'est qu'au lieu de se prévaloir de cette prétendue qualité d'effets au porteur, transmissibles de la main à la main, et d'en avoir traité comme tels, il a recouru à la forme d'un transport par acte spécial. En adoptant cette forme d'acte, n'était-ce pas reconnaître ce qui est vrai, qu'autre chose est un effet au porteur, autre chose est un teskéré, soit un bon de la nature de ceux qui ont été créés en faveur de M. Benaïad, dans des circonstances spéciales, et à raison d'engagements positifs non exécutés de sa part, toutes choses plus ou moins connues du cessionnaire.

Tout cela avait été si bien senti par MM. Pastré, à qui a été fait le prétendu transport, qu'il se rendit, de l'aveu de M. Benaïad, à Tunis, pour le faire approuver par le Gouvernement de Son Altesse ; mais M. Pastré quitta Tunis sans avoir obtenu cette approbation, même dans une forme verbale, et elle n'a point été donnée depuis lors. Ce voyage et l'échec éprouvé dans son objet sont justement opposables à M. Benaïad, ainsi qu'ils le seraient à MM. Pastré, qui ne feront jamais croire qu'ils eussent fait réellement et sérieusement un marché aussi important, sans s'être assurés que le contrat ne souffrirait aucune difficulté dans son exécution de la part du Gouvernement tunisien. Cette maison est trop bien avisée pour avoir traité avec M. Benaïad autrement qu'à la condition secrète, que le contrat n'acquerrait valeur et efficacité qu'autant qu'il serait approuvé par Son Altesse le Bey ; et ce qui en fournit la preuve la plus concluante, c'est que le traité a été fait *sans garantie* de la part du cédant.

Toutes les preuves de la simulation du transport dont il s'agit sont puissamment fortifiées par la correspondance de la maison Pastré avec Son Excellence le Kasnadar, ministre des finances de Tunis. Cette correspondance a déjà été mentionnée dans la Note explicative (page 20); elle va être transcrite ci-après :

Extrait d'une lettre de M. J. Pastré, du 20 octobre 1852.

« Ma maison de Marseille et M. Mercier vous feront connaître le résultat de nos conversations
» avec le général M. Ben-Ayet, et il en est résulté que notre ami commun m'a fait connaître que
» *ma maison de Tunis ne lui étan nécessaire, il ne voulait plus entrer dans de nouveaux arrangements.* »

Extrait d'une lettre de MM. Pastré frères, de Marseille, du 23 octobre 1852.

« Notre sieur Joseph est de retour à Paris, et il y a vu le général Mahmoud-Ben-Ayet, qui lui a
» fait connaître que notre maison de Tunis ne lui étant plus nécessaire, il ne voulait plus entrer
» dans de nouveaux engagements. En conséquence, monsieur le Ministre, nous vous remercions
» de toutes vos offres obligeantes pour nous engager à continuer notre établissement sous notre
» nom à Tunis ; nous n'y voyons aucun avantage, et nous ne pouvons laisser M. Mercier et sa fa-
» mille plus longtemps dans l'oisiveté, avec des frais considérables chaque année ; nous vous
» prions donc prendre note que nous donnons ordre à M. Mercier de se mettre en liquidation,
» etc., etc. »

Extrait d'une lettre de M. J. Pastré, du 4 novembre 1852.

« J'ai eu l'honneur de vous écrire le 19 du mois passé, et je vous disais que S. Exc. Mahmoud-
» Ben-Ayat *pensant que notre maison ne pouvait pas lui être utile aux conditions que nous avions
» posées,* A DÉCIDÉ NOTRE LIQUIDATION, à laquelle M. Mercier devait se préparer sans faute. Je désire
» que vous lui en facilitiez les moyens, etc., etc. »

Pour bien comprendre l'importance de ces lettres, relativement au caractère du transport prétendu des teskérés de M. Benaïad à la maison Pastré, il faut se rappeler qu'il a été déjà bien établi
par le soussigné, et preuves écrites à la main, que M. Mercier et tout le personnel de la maison
Pastré, à Tunis, n'agissait que pour le compte et dans les intérêts de M. Benaïad, notamment en
ce qui concerne les teskérés. Lesdites lettres mettent ce point de fait en plus grande évidence, et
leur date, postérieure à l'acte du prétendu transport, démontre qu'après comme avant cet acte,
les teskérés étaient encore, dans la vérité, la chose même de M. Benaïad.

On observera à ce propos que la prétendue exécution du transport pendant trente-deux mois,
mentionnée par M. Benaïad (page 25 de sa Note réfutative), n'est autre que l'exercice, pendant ce
même temps, de la gestion de M. Mercier pour le compte de M. Benaïad lui-même.

Déjà l'on a relevé les contradictions qui se montrent entre les lettres de Benaïad à Kaïd Nessim,
au sujet des teskérés, et la conduite qu'il a tenue. On ne peut omettre d'en signaler une autre
qui porte un caractère assez saillant, avec ce qu'il dit, page 25 de sa Note réfutative. — « Il s'est
» informé auprès de MM. Pastré des recouvrements qu'ils avaient obtenus dans les trente-deux
» mois pendant lesquels le contrat s'est exécuté ces messieurs lui répondirent, toujours suivant

» lui-même, qu'il a été perçu environ 2,400,000 piastres, » et cependant M. Benaïad écrit à son agent, à Tunis, Kaïd Nessim, en date de Moharrem 1269 (1853) (page 21, Note explicative) :

« Faites-moi savoir pour quelle valeur Mercier a reçu des teskérés de vous et de moi par votre » entremise, afin que je sache le total des comptes en permis d'huile, que je vous transmettrai. » *Selon mes comptes, les teskérés que je vous ai remis, à vous et à Mercier, montent à une somme de* » *3,523,817 piastres ; il est urgent que vous remettiez le tout à Mercier. Faites-moi savoir ses recettes,* » *à combien elles montent, tant en billets de banque qu'en argent comptant, et combien reste encore* » *chez lui en teskérés d'huile ; et répondez-moi le plus tôt possible.* »

On voit par cette lettre que M. Benaïad savait très-bien quelle était la quotité de teskérés par *lui remises* à Kaïd-Nessim et à Mercier; il n'avait donc pas besoin de prendre des informations auprès de MM. Pastré, et cela montre de plus en plus qu'il n'y a rien de vrai dans tout ce qu'il allègue pour soutenir ce prétendu transport.

Quant à l'ordonnance ou amhra de Sfar 1267, tant proclamé par M. Benaïad, il n'est pas possible d'y trouver le caractère de l'approbation d'un acte qui n'y est nullement désigné, et ce n'est pas en matière de finances ou de comptabilité que les vagues expressions de cet amhra, en la partie dont il s'agit, peuvent servir de titre à qui que ce soit, et à plus forte raison à un tiers qui n'y est ni dénommé, ni même indiqué.

Passant à l'affaire Donon, on commence par recueillir l'aveu fait par M. Benaïad (page 23 de sa Note réfutative), que cette négociation a été faite postérieurement à la circulaire de Son Altesse aux consuls. De cet aveu, il suit naturellement que M. Benaïad n'a pas traité plus sérieusement avec MM. Donon qu'avec la maison Pastré, et qu'ils avaient même bien moins de motifs de le faire, car il n'est pas supposable qu'une maison de commerce ait voulu acheter un procès, et un procès du souverain avec son sujet.

M. Benaïad, qui soutient cette négociation *quand même*, affirme que les fonds qui en sont provenus ont été employés à acheter 15,000 caffis de blé et 15,000 caffis d'orge. Cette assertion se réfute pour ainsi dire d'elle-même. L'amhra relatif au nouvel achat de 15,000 caffis de blé et d'autant d'orge, est du 2 Sfar 1268. Or, M. Benaïad ne serait parti pour faire la négociation dont il s'agit, qu'il donna artificieusement pour motif de son voyage, avec celui de la santé, qu'au mois de Chaban de la même année, c'est-à-dire quatre mois après, et aussitôt qu'il fut arrivé à Paris, il écrivit à ses agents, à Tunis, pour leur enjoindre de ne livrer au Gouvernement que les produits de la dîme. Cette circonstance prouve également que M. Benaïad n'a pas plus fait cet achat que la négociation avec la maison Donon, qui devenait ainsi sans cause ni motif.

Si M. Benaïad avait pu conserver encore quelque prétention à l'égard des affaires Donon et Pastré, il aurait dû tout au moins indiquer où, quand, comment, et de qui il aurait acheté les quantités de céréales qui s'y rattachent, ce qui ne le dispenserait pas d'établir que l'achat en était nécessaire ou utile, ce que le Gouvernement persiste à nier.

Le meilleur parti à prendre par M. Benaïad, et celui auquel on espère que, dans tous les cas, il sera tenu de se soumettre, ainsi qu'on y conclut. c'est de restituer les teskérés relatifs à ces deux prétendues négociations. Il ne pourrait, dans tous les cas, exiger du Gouvernement tunisien de reconnaître les teskérés d'huiles qu'il a entre les mains, qu'autant qu'il aurait rendu un compte juste et loyal des bonifications, en conformité des contrats passés avec lui pour la Rabta, l'Aalpha et la Koucha.

L'article des escomptes prétendus par M. Benaïad (page 26 et suivantes de la Note réfutative) ne doit pas trouver place dans cette discussion, cet article étant l'accessoire des teskérés d'huile dont la restitution est justement demandée à M. Benaïad.

ART. 3.

Teskérés de 5 millions sur la ferme des cuirs (négociations Périer).

M. Benaïad multiplie les contestations sur cet article, et tend par là à obscurcir une question que le soussigné avait présentée et discutée dans sa simplicité.

M. Benaïad a reçu ce teskéré, qui est un mandat par délégation, pour solde de trois comptes, point sur lequel on est d'accord; le seul en discussion est de savoir à qui appartient la valeur en résultant, et si le Gouvernement tunisien a été fondé et l'est encore à en refuser le paiement.

Le soussigné persiste dans la réponse faite par Son Altesse à M. le Consul général de France à Tunis, au sujet de ce teskéré, dont on rappelle ici les expressions : « Nous vous avons déjà ré-
» pondu, à cet égard, et nous vous confirmons ici notre réponse, à savoir : que ce teskéré rentre
» dans la somme des réclamations que nous formons contre Mahmoud Benaïad.
» Les sommes confiées à Mahmoud Benaïad, à titre de dépôt, s'élèvent à un montant supé-
» rieur au chiffre de ce teskéré ; lequel chiffre, nous le répétons, rentre dans la masse des demandes
» que nous formulons contre lui. »

La pensée formulée par les expressions qui précèdent, c'est évidemment que, Son Altesse étant créancière de M. Benaïad pour des sommes supérieures au montant dudit teskéré, la discussion de cet article rentre dans celle ouverte entre Son Altesse et M. Benaïad sur les réclamations faites de part et d'autre.

Conséquent à la déclaration de son souverain et à la position des choses, le soussigné se refuse à l'allocation du teskéré, faute par M. Benaïad, d'avoir rempli les causes de l'attribution de ce teskéré. Quoi qu'il en dise, il n'est pas surprenant que depuis qu'a commencé cette dis-cussion, le Gouvernement tunisien ait été amené à découvrir et à reconnaître que M. Benaïad, qui, en se retenant les teskérés signés de Son Altesse, a donné des teskérés passés sous sa seule signature aux porteurs des premiers, n'a pas pourvu au paiement de ces teskérés. Cette omission de sa part a soumis le Gouvernement de Son Altesse à des répétitions de la part de ces mêmes porteurs auxquelles il a satisfait dans sa haute honorabilité; il a trouvé là un motif de plus pour ne pas effectuer le paiement du teskéré des cinq millions, motif dont la justice est soumise à l'impartialité du comité devant lequel s'instruit le litige.

M. Benaïad soutient vainement que sa fortune en France et ses propriétés à Tunis garantissent suffisamment le paiement des dettes qu'il aurait contractées par la remise de ces teskérés *personnels*. Il y a trop loin de Paris à Tunis pour que des créanciers de la Régence puissent venir tenter en France les chances de leurs poursuites contre M. Benaïad, quelle que soit l'opulence de sa fortune à Paris; et quant à sa fortune de Tunis, elle n'existe que dans le système de la cause de M. Benaïad, à qui il convient de persuader que ses avoirs, dans la Régence, sont assez élevés pour garantir amplement les réclamations de Son Altesse, comme celles de tous autres créanciers.

Pour résumer toutes les raisons du Gouvernement tunisien, de ne pas acquitter le teskéré de cinq millions, on les classe de la manière suivante :

1° Par le motif ci-devant développé, que cet article se place naturellement, et en conformité des règles du droit, dans les débats actuels qui ont pour objet toutes les réclamations réciproques des parties, et un règlement général de comptes;

2° A raison de ce que les teskérés que M. Benaïad a remis à divers fournisseurs, ses créanciers, ont été acquittés par Son Altesse;

3° A raison de ce que le soussigné a solidement établi d'être créancier de M. Benaïad pour des sommes beaucoup plus importantes, notamment pour la Banque, pour la Rabta et autres articles qui sont cotés à la charge de M. Benaïad dans les notes qui ont précédé, et notamment dans la Note explicative, spécialement encore pour l'achat des bois et des marbres (pages 30 et 31 de ladite Note), articles qui entrent pour une grande part dans les causes du teskéré;

4° Enfin, par la raison la plus intimement liée au susdit teskéré, à savoir le défaut d'achat des céréales qui était pour partie aussi la cause et le corrélatif de l'attribution des cinq millions à M. Benaïad, article qui ne s'élève pas à moins de 1,375,000 piastres (Note explicative, page 31).

M. Benaïad connaît trop bien la loyauté du Bey, à laquelle il fait cependant une nouvelle injure, en affirmant que l'on préférerait l'avoir pour débiteur lui-même (page 17 de sa Note réfutative) que Son Altesse le Bey; il connaît trop bien, répète-t-on, la parfaite loyauté du Bey, et il sait trop bien, par ses agents, ce qui s'est passé à Tunis depuis son départ, pour être de bonne foi quand il met le Gouvernement au défi de produire les teskérés signés par M. Benaïad et acquittés par le Bey; le soussigné s'empressera de les remettre au comité dès qu'il aura manifesté l'intention de les avoir sous ses yeux. Le Gouvernement du Bey pouvait d'autant moins hésiter à acquitter ces teskérés, et les porteurs excitaient d'autant plus son intérêt, que c'étaient des fournisseurs des troupes de Son Altesse, dont l'entretien lui est paternellement cher.

M. Benaïad ne se rappelle-t-il pas d'ailleurs que, instruit par ses agents des plaintes qui leur étaient adressées par les créanciers porteurs des teskérés, il leur interdisait expressément par sa correspondance d'acquitter aucune de ces dettes, correspondance dont on pourrait justifier s'il avait la témérité de la nier.

M. Benaïad fût-il en droit et en position de réaliser le teskéré des cinq millions, il serait obligé d'accepter sur le solde l'imputation de la somme de piastres 671,208, dont il se fait un article de réclamations. Il a été démontré par la Note supplémentaire du soussigné n° 1 que cette somme était comprise dans le teskéré, comme étant un des articles du compte dont le solde de piastres 3,886,332 et quart y est porté, chiffre signalé dans le compte que M. Benaïad a inséré dans sa Note réfutative, page 60. S'il persiste à nier qu'il en soit ainsi, qu'il démontre comment et de quels articles s'est composée la somme de piastres 2,635,079 et trois quarts et 6 nasrias, qui est le second article du susdit compte de piastres 3,886,332 et quart.

Une dernière observation à faire au sujet de ce teskéré, c'est qu'en souscrivant à Son Altesse le Bey une obligation de piastres 154,282 pour compléter le montant des cinq millions, M. Benaïad a clairement reconnu qu'il ne lui était rien dû par Son Altesse, en dehors des sommes composant le teskéré même. Comment peut-il, après cela, prétendre encore à une somme de piastres 671,208, comme lui étant due antérieurement à la date du teskéré? Le même raisonnement s'applique au solde de la somme de piastres 3,118,325 et trois quarts, qu'il prétend lui être due sur la délégation de Sabel Tabaa, et au million que le Kasnadar auráit touchée des Metallit, hôtel des monnaies, Bizerte, etc. , autre objet de ses réclamations, et enfin à d'autres prétendues créances ayant aussi une date antérieure au teskéré. Il est de toute évidence que s'il eût été créancier de sommes supérieures à celle manquant pour compléter le teskéré, *c'eût été en déduction* d'une somme égale que ce complément eût été fait.

L'importance qui s'attache à l'incompatibilité d'une obligation souscrite par M. Benaïad pour parfaire les cinq millions, et la légitimité de créances antérieures à son profit, vient s'accroître encore par la considération de sa position vis-à-vis du Bey, à la date du teskéré. M. Benaïad ne persuadera jamais qu'à une date si voisine d'un départ qu'il s'indigne vainement de voir appeler une *fuite*, car elle est au moins celle de ses engagements, son plan de conduite étant tout tracé, l'opulence qu'il accuse lui-même étant complétée, il ait pu se reconnaître débiteur envers le Bey d'une somme quelconque, s'il se fût cru en droit de lui répéter, à lui, des sommes aussi élevées que celles qu'il a l'audace de réclamer aujourd'hui. N'avait-il pas, au contraire, dans cette circonstance suprême, à réaliser tout son actif avant de quitter Tunis pour n'y plus rentrer, résolution qu'il convient d'avoir été la sienne, à cette date, dans sa *réponse* ?

Tout autre adversaire que M. Benaïad reconnaîtrait que les moyens employés à son encontre, tant dans la présente Note que dans les précédentes, ne sont pas sans une certaine valeur; mais il n'y a rien à espérer de pareil de la part de celui qui affirme apporter sur tous les points de la discussion les preuves les plus démonstratives, les moyens les plus lumineux, en trouvant que son adversaire *n'aboutit qu'à l'impuissance et à sa propre confusion par une polémique qui,* suivant lui, *dénature les actes, controuve les faits, supprime les pièces, ignore, dissimule ses propres écritures, et se retranche dans les excès de la calomnie* (page 18 de la Note réfutative). Une plus juste part sera faite, on l'espère, à chacune des parties, dans la sentence qui doit intervenir.

CHAPITRE II.

Créances et réclamations directement et exclusivement personnelles au général Benaïad sur le Gouvernement tunisien.

§ Ier.

Délégations échues et sommes liquidées restées sans paiement.

ARTICLE PREMIER.

Délégation du Bey, en date du 2 Keda 1262 (1846), sur le Sabtab (Ministre de la Justice) (Note réfutative, page 23) — 3,118,325 12.

Ce qui a été écrit par M. Benaïad, relativement à la délégation du Bey, en date du 2 Keda 1262, l'ayant été avant d'avoir reçu communication de la *Note supplémentaire* fournie par le soussigné, où il a amplement traité de cet article, pages 5 et 6, on aime à penser que, malgré sa ténacité sur les contestations les moins légitimes de sa part, et l'espèce de forfanterie qu'il a mise à se donner pleinement raison sur l'article dont il s'agit, il se serait abstenu de s'exprimer aussi victorieusement au sujet de cette réclamation.

Quoi qu'il en soit, il paraît suffire de se référer, sur ce point, à la *Note supplémentaire*, en priant MM. les Membres de la Commission de bien se pénétrer des termes et de la signification de l'amlira renfermant ladite délégation, ce qui, pour des hommes aussi intelligents, sera suffisant pour motiver leur opinion.

Quelques mots seulement encore pour le plus grand éclaircissement de l'affaire. Suivant ce qui est pratiqué dans le Gouvernement tunisien, lorsqu'une délégation est faite à un de ses comptables, et que plus tard un compte général est dressé avec lui, si, toutes imputations faites, il reste un excédant du montant de la délégation, cet excédant formant un solde reste en arrière pour être porté au débit du comptable dans le premier compte qui sera fait avec lui.

Appliquant cette observation de fait à l'espèce présente, et rappelant la démonstration faite dans la note supplémentaire du solde à la charge de M. Benaïad, sur la délégation le concernant, on l'invite à déclarer dans quel compte postérieur le susdit solde aurait été reporté.

ART. 2.

Solde en faveur de M. Benaïad, de son compte avec le Bey, en date de Keda 1264 (1848). (Note réfutative, page 31.) — 671,208.

Sans attendre le défi de M. Benaïad (page 32 de la Note réfutative), de pouvoir signaler la moindre trace du paiement des 671,208 piastres, solde du compte du 2 Keda 1264, dans les trois comptes dont est composée la délégation de 5 millions sur la ferme des cuirs, le signataire *anonyme* avait demontré (pages 8, 2 et 10 de la Note supplémentaire n° 1), que les 671,208 piastres en question ont été comprises dans le sixième compte daté du 30 Rebil-Tani 1266. Le total de ce compte s'élève, en crédit de M. Benaïad, à piastres 2,635,079 et trois quarts, qui forment le second article du huitième compte du 19 Rebil-Ewel 1267, compte dont le solde monte, en sa faveur, à piastres 3.886,332 et quart; cette somme est une des quatre composant la délégation des 5 millions.

Après une telle démonstration, vraie et irréfutable comme le sont les chiffres, on ne peut supposer que M. Benaïad renouvelle une réclamation qu'il permettra de qualifier d'absurde, quelque élevé que soit le ton sur lequel il l'exprime; mais s'il y persistait, contre toute attente, il serait sommé de justifier devant MM. les membres du Comité comment est composée et s'établit la somme de piastres 2,635,079 et trois quarts formant le second article du huitième compte par lui-même produit sous le n° 2 de ses pièces justificatives (page 60 de la Note réfutative).

En attendant, MM. les membres du Comité sont priés de jeter un coup d'œil sur les pages 8, 9 et 10 de la Note supplémentaire, pour s'assurer par eux-mêmes à qui revient de droit le reproche fait par M. Benaïad aux *agents tunisiens* dans la page 32 de sa Note réfutative, de marcher toujours par *erreurs et assertions plus que hasardées.*

ART. 3.

Solde pour les années 1268 et 1269 de l'arriéré d'une délégation annuelle assignée par le Bey à M. Benaïad sur la ferme des tabacs. (Note réfutative, page 33.) — 4,450,000.

Le soussigné a déjà montré dans sa Note explicative (pages 22 et 24), qu'au commencement de chaque année, le Gouvernement déléguait à M. Benaïad les revenus des fermages qu'il avait entre les mains, pour faire face aux fournitures qu'il était chargé de faire dans le courant de l'année pour le compte du Gouvernement, telles qu'habillements de troupes et autres articles.

M. Benaïad ayant quitté le fermage du tabac dès l'année 1267, le Gouvernement lui délégua une somme d'un million de piastres pour chacune des années 1267 et 1268, sur le revenu de ce même fermage.

Le soussigné a démontré (page 10 de la Note supplémentaire), que ces deux délégations ont été entièrement acquittées à son profit ; cette démonstration était faite dans la persuasion que la réclamation de M. Benaïad se rattachait aux deux années ci-dessus énoncées, et que seulement une erreur de date s'y était glissée quant à l'année 1269, attendu qu'il n'avait aucun droit à réclamer sur la délégation de cette année-là, dont le montant reste sans cause entre ses mains, ainsi qu'on va le prouver.

Au commencement de l'année 1269, il fut fait également attribution à M. Benaïad des revenus des fermages qui étaient l'objet des traités passés avec lui précédemment, et en outre, d'une pareille somme d'un million sur la ferme des tabacs ; mais comme, quelques mois après, il fut démontré, par sa conduite, qu'il n'exécutait plus les engagements par lui contractés, l'attribution dont on vient de parler devenait un effet sans cause entre ses mains ; dès lors on ne dut pas porter, et on ne porta point à son débit les sommes dont la délégation lui avait été promise pour ladite année 1269. La preuve de ce légitime retranchement se rencontre dans le compte de ces délégations (pages 22, 23 et 24 de la Note explicative) qui s'arrête à l'année 1268.

Mais comme le Gouvernement l'a laissé jouir des fermages dont le revenu lui avait été délégué pendant quelques mois de cette année 1269, il est logique et conséquent à ce qui précède, que M. Benaïad lui tienne compte de cette portion de jouissance pour laquelle il est sans droit, et l'on en fait la demande formelle.

§ II.

Sommes dues pour divers motifs et dont la liquidation définitive a été retardée par le fait du Gouvernement tunisien.

Art. 4.

Fournitures diverses justifiées jusqu'au jour du départ de M. Benaïad (Page 34 de la Note réfutative.)
— 2,254,964.

Le soussigné juge superflu d'ajouter à la réponse déjà faite qu'il sera fait droit à la réclamation de M. Benaïad, dès qu'il aura présenté à la Commission les pièces ou titres qui peuvent la justifier. Cela lui sera bien facile, puisqu'il déclare les avoir entre les mains.

Quant à tout ce que le Kasnadar a pu lui écrire, et surtout dans l'ignorance où il était encore de l'énormité du débet de M. Benaïad envers le Gouvernement, il ne doit pas espérer de s'en faire un titre. La généralité des termes dans lesquels s'exprimait le Kasnadar ne peut être, sous aucun rapport, considérée comme l'affranchissement des obligations de M. Benaïad, basées sur des actes authentiques, et produisant à sa charge des chiffres irrécusables. Il ne faut que lire les lettres du Kasnadar pour reconnaître qu'il n'avait aucunement l'intention de régler compte avec M. Benaïad dans sa correspondance, et encore moins de lui donner quitus. Il se bornait à répondre d'une manière générale aux questions que lui adressait M. Benaïad, et d'ailleurs il ne fait que le rassurer sur l'ensemble de ses comptes sans rien spécifier sur celui dont il s'agit, qu'il n'a évidemment pas vérifié.

ART. 5.

Remboursement dû à M. Benaïad pour l'approvisionnement et fonds de roulement de la ferme des tabacs, lorsqu'il remit cette ferme aux agents du Gouvernement (page 35 de la Note réfutative). — 1,243,944.

Ou M. Benaïad réclame ce qui ne lui est pas dû, ou il exagère ce qui lui revient, et c'est le dernier mode qu'il applique pour l'article dont il s'agit ; mais rien n'est plus aisé que de connaître la vérité. M. Benaïad convient que le Kasnadar a donné à son agent une délégation pour cet article. Qu'il présente l'acte de cette délégation, dont on connaîtra ainsi le chiffre ; le soussigné présentera, de son côté, les reçus des agents de M. Benaïad, et un règlement deviendra ainsi facile et certain.

Si les agents de M. Benaïad ne lui avaient pas tenu compte de ce qu'ils auraient reçu pour lui du Gouvernement, il ne devrait s'en prendre qu'à eux ; car, d'une part, le Gouvernement n'a jamais dû, ni entendu se rendre responsable de la fidélité de ses agents ; et quant aux persécutions à l'égard de ces agents, que, fidèle à son système, il pourrait encore opposer comme un obstacle aux versements qu'ils auraient eu à lui faire, il devrait, avant tout, faire à cet égard des articulations précises, puis en donner la preuve.

ART. 6.

Espèces perçues par le Kasnadar sur les Métallit, l'hôtel des Monnaies, pour le compte de M. Benaïad et entrées dans le trésor du Bey. (Note réfutative, page 86.) — 1,000,000.

Non ! le Gouvernement tunisien n'ignore pas que, le 22 Ramadan 1263, il a passé un contrat avec M. Benaïad, qui l'autorise à fabriquer de la monnaie d'argent.

Comme il a été toujours d'usage, suivant qu'il est de droit, que tout se passât par écrit entre le directeur de la Monnaie et lui, c'est-à-dire que les deux parties devaient se donner mutuellement des reçus, les uns désignant les sommes, quantités et poids de chaque versement fait à l'hôtel, les autres délivrés par M. Benaïad pour les sommes qu'il recevait du directeur, un compte général doit être établi, justifié pour chaque partie par la production réciproque des reçus, et l'on verra alors que, loin d'être créancier, il est reliquataire pour cet article.

Au moyen des reçus délivrés à M. Benaïad à chaque versement de sa part à l'hôtel, il lui devient indifférent que le Gouvernement en ait ou non retiré des valeurs, puisque sa responsabilité est entièrement dégagée par ces reçus.

La conséquence du compte général à faire sera de donner un démenti à l'assertion de M. Benaïad, consistant à dire que le Gouvernement a fait enlever de l'hôtel des Monnaies les espèces fabriquées en suite de ses versements pour les détourner à son propre usage.

Il résultera encore du même compte, et contrairement à une autre assertion de M. Benaïad, que ce n'est pas seulement dans une des années du bail de la fabrication des monnaies, qu'il a fait fabriquer (pages 32 et 33 de sa Réponse), mais bien pendant toute la durée du même bail.

Enfin, le même compte mettra à découvert la quotité de valeurs existante à l'hôtel des Monnaies à l'époque où son bail a commencé.

M. Benaïad, qui se pique d'être toujours si probant et si conséquent, tombe, sur ce chapitre, dans d'étranges contradictions, qui suffiraient pour faire apprécier le mérite de ses réclamations.

1° Par sa lettre du 6 juin 1853, adressée à Son Excellence M. le ministre des affaires étrangères, il réclame un million de piastres, comme ayant été perçu par le Kasnadar de l'hôtel des Monnaies, Bizerte, Metallit et autres lieux à lui affermés ;

2° Dans sa réponse aux réclamations du Gouvernement tunisien, datée de juin 1854, se trouvant obligé d'avouer la circulation des 1,610,850 piastres de billets de banque, il prétend avoir laissé à l'hôtel des Monnaies, pour la couvrir, 1,030,000 piastres, et il ajoute que le Gouvernement tunisien s'en est servi pour son usage, ce qui établit une différence contradictoire entre ce chiffre et le million prétendu plus haut ;

3° Enfin, dans sa Note réfutative (page 36) il réclame un million seulement comme perçu des Metallit et de l'hôtel des Monnaies, ce qui ne l'empêche pas de réclamer dans la même page 1,030,000 piastres, seulement sur l'hôtel de la Monnaie.

Dans une telle confusion des prétentions adverses, l'on a plus de motifs encore pour demander qu'il soit dressé un compte général appuyé des reçus justificatifs.

N'est-ce pas vouloir à plaisir prolonger la discussion que d'élever autant de difficultés, lorsque la question aurait dû se résoudre, de prime abord, par la présentation réciproque des reçus, à quoi M. Benaïad devait s'acheminer le premier pour les siens, puisqu'il se prétend créanci :

Relativement à ce que M. Benaïad ajoute (page 36 de sa Note réfutative), concernan
voici ce que l'on a à répondre :

M. Benaïad a affermé, secrètement de Son Altesse, les Metallit en même temps que le Kaïdat de Gerbi, le Ouaten-el-Kebli, la Rabta, l'Aalpha et la Koucha, bail qui s'étendait par sa stipulation de 1259 jusqu'en 1267.

D'après le contenu de l'amhra ou de l'ordonnance de Son Altesse, datée de Chaoual 1262, les exploitations dont il s'agit ont été gérées par lui ou par ses agents jusqu'en 1265 ; mais à la fin de cette année, Son Altesse ayant reçu diverses réclamations contre lui des habitants des Metallit et du Ouaten-el-Kebli, elle crut devoir charger des agents spéciaux de la gérance de ces districts, cependant Son Altesse en laissa les revenus à l'actif de M. Benaïad sans laisser connaître cette circonstance aux agents.

Le compte de ces fermages a été fait par M. Benaïad avec le Gouvernement jusqu'en 1267, en trois comptes différents, rapportés ci-après :

Le premier de ces comptes est de Chaoual 1262 ; il comprend les années 1259 à 1261.

Il forme un total à son débit de. . . . . P.   2,196,000

Il lui fut déduit en versements. . . . . P.   1,841,000

Somme toute, il resta débiteur de. . . . . , P.   355,000

Cette somme fut portée à son débit dans le compte général qui eut lieu entre le Gouvernement et lui, de Djemed-Ewel 1264 ; compte dont l'extrait a été produit dans la 8ᵉ page de la *Note supplémentaire.*

Le deuxième de ces comptes date de Sfar 1267, et comprend les années 1262, 1263 et 1264.

Le total de son débit y monte à . . . . P.   2,196,000

La déduction de ses versements produisit le total de. . . . . P.   1,539,400

Et il resta débiteur de. . . . . : . . . . P.   656,600

Pour solde de ce compte, il délivra son obligation au Kasnadar en Regeb 1267, qui est l'objet de la réclamation tunisienne (page 26 et pièce justificative nᵒ 7 de la Note explicative).

Le troisième compte, daté de Sfar 1268, comprend les années 1265, 1266 et 1267.

Le total de son débit s'élève à . . . . P.   2,196,000

Il en fut déduit pour le total de ses versements soit par lui payés, soit reçus par les agents de Son Altesse qui ont géré les Metallit et le Ouaten-el-Kebli . . . . P.   1,446,000

Le solde débiteur fut de. . . . . P.   750,000

Ce dernier compte fut l'objet d'une ordonnance de Son Altesse portant le solde ci-dessus, résultat des trois dernières années, savoir: piastres 750,000 ; somme qui devait être reportée dans les comptes subséquents, et l'objet d'une des réclamations tunisiennes (page 26 de la Note explicative).

Pour rapporter les choses dans leur exacte vérité, l'on doit ajouter qu'après ces divers règlements de comptes, M. Benaïad resta créditeur d'une somme lui revenant, que le Gouvernement avait perçue par l'agent qu'il avait préposé au district des Metallit. Cette somme fut ajoutée à d'autres articles dont le total forme le troisième de ceux dont se compose la délégation des cinq millions (Note supplémentaire nᵒ 1, page 10) qui lui fut faite par Son Altesse sur la ferme des cuirs. Si M. Benaïad avait eu à réclamer d'autres sommes au sujet des revenus des Metallit ou de celles du Ouaten-el-Kebli, ne les aurait-il pas jointes à celle qu'il demanda, et obtint de faire entrer dans la délégation des cinq millions ? Cette observation a d'autant plus de poids, que le dernier compte passé entre le Gouvernement et M. Benaïad, pour lesdits fermages, n'a eu lieu que quelques mois avant son départ pour Paris, époque où il avait intérêt à ne rien laisser en arrière de ce qui pou vait lui être dû par le Gouvernement, vu sa résolution bien arrêtée, sans doute, alors, de quitter Tunis pour n'y plus rentrer. Le rapprochement des dates confirme ce qui précède, ce dernier compte étant de Sfar 1268, et la délégation corrélative au solde dont il était créditeur pour les Metallit, étant datée du 20 Rebil-Tani 1268.

Quant au renouvellement de bail qui eut lieu pour les trois années 1268, 1269 et 1270, il ne lui a été fait de réclamation, pour l'année 1268, que pour le fermage de Gerbi, de la Rabta, de l'Aalpha et de la Koucha (Note explicative, page 28), c'est-à-dire pour les services gérés par lui ou par ses agents ; mais quant aux fermages des Metallit et du Ouaten-el-Kebli, il ne lui a rien été réclamé, attendu qu'ils étaient sous la main des agents du Bey. Mais s'il désire qu'on applique à cette année, relativement à ces fermages, la comptabilité que le Gouvernement suivait à son égard pour les précédents, on veut bien y consentir; et dans ce cas, on portera à son débit le montant de ces fermages, et à son crédit, les sommes perçues par les agents de Son Altesse, des deux susdits districts dans ladite année de 1268.

Pour ce qui concerne les années 1269 et 1270, il ne peut s'agir d'aucune réclamation de la part de M. Benaïad, pour le fermage des Metallit, non plus que pour tout autre, puisque, dès le commencement de 1269, il a rompu tous ses engagements et même toutes ses relations avec le Gouvernement.

C'est ainsi que tombe et disparaît la réclamation de M. Benaïad quant aux Metallit qu'il a fait entrer dans le million, objet de l'article général ici traité, sans même préciser le chiffre pour lequel il l'y place.

ART. 7.

Fournitures diverses faites au Gouvernement tunisien par les agents de M. Benaïad, depuis son départ de Tunis, et conformément à ses contrats. (Note réfutative, page 37.) — 3,000,000.

Le soussigné confirme ce qu'il a dit précédemment dans sa réponse aux réclamations de M. Benaïad, que le chiffre mentionné par lui est très-exagéré.

Depuis son arrivée à Paris il écrivait toujours à ses agents de Tunis, de ne verser au Gouvernement que ce dont ils recevraient le montant. D'après de pareils ordres, comment aurait pu se former un chiffre aussi exorbitant de fournitures non payées comptant?

Dans tous les cas, quand M. Benaïad présentera, par-devant MM. les membres du Comité, les bons ou teskérés de Son Altesse, contre lesquels les fournitures auraient été versées, ils s'assureront par eux-mêmes de quel côté est la vérité.

ART. 8.

Prix de 25,000 métaux d'huile reçu par le Bey pour le compte de M. Benaïad. (Note réfutativè,
pages 37 et 38.) — 865,000.

Dans sa réplique, M. Benaïad se porte créancier pour cet article, d'abord de 17,637 métaux
d'huile, article qui lui sera alloué moyennant justification.

Pour le surplus, non-seulement il ne fournit aucune preuve à l'appui de sa réclamation ; mais
il se borne à faire la vague allégation de la justifier plus tard, sans même dire comment il enten-
drait s'y acheminer.

C'est en vain qu'il essaie de repousser la réclamation du Gouvernement tunisien sur l'article des
huiles (page 18 de la Note explicative), en prétendant qu'*aux termes des actes émanés du Bey en
1268 (1852),* lui, Benaïad, était créditeur et non débiteur du Gouvernement tunisien, pour son
compte d'huile. L'on ne connaît, et M. Benaïad ne produit d'autre amhra, émané de Son Altesse,
de 1268, relativement aux huiles, que celui du 5 Rabil-Tani 1268 (pièce justificative 26 de sa
Réponse). Or, cet amhra ne porte point un compte général d'huile, mais il renferme seulement l'é-
nonciation de comptes spéciaux et déterminés à l'égard de cet article. Où est donc la preuve d
l'allégation de M. Benaïad ?

Au surplus, que la commission veuille bien se faire présenter, par M. Benaïad, le compte dont il
prétendrait se prévaloir, et il sera facilement reconnu qu'aucune des réclamations du Gouvernement pour ce même article ne se trouve comprise dans ce compte.

ART. 9.

*Total des sommes dues pour fournitures de blé et d'orge (suivant le détail et les évaluations au minimum
contenus dans l'état n° 2. (Note réfutative, pages 38, 39 et 40.) — 3,624,175.*

Il a été répondu à cet article dans l'article premier de la Rabta, du chapitre premier de la pré
sente Note.

§ III.

Fruits de divers fermages perçus par le Gouvernement tunisien et appartenant à M. Benaïad.

ART. 10.

Minimum, sous réserve de règlement, du bénéfice de la ferme des cuirs et des tabacs, pendant le temps où, pour les convenances de la politique du Bey, ces deux fermes ont été administrées par ses agents, pendant l'année, tout en restant, pour la perte ou le profit, au compte de M. Benaïad. (Note réfutative, page 41.) — 2,900,000.

Sur cet article, les deux parties sont d'accord en ce point, que le profit et la perte sont pour le compte de M. Benaïad, mais on lui conteste l'évaluation par lui faite de 2,000,000 sur un fermage de 2,500,000 piastres.

M. Benaïad, qui avait géré ces fermages par lui-même pendant plusieurs années, s'était maintes fois plaint qu'il ne trouvait que de la perte dans cette exploitation, et il demanda à Son Altesse, comme une faveur, d'en charger deux agents qui, publiquement, géreraient ces fermages pour le compte de Son Altesse, bien que dans la réalité ce serait pour le compte de M. Benaïad, et cela pour le restant de l'année de son bail.

Son Altesse eut l'extrême bonté de déférer à cette prière ; mais ce qui est aujourd'hui étrange et à la fois inadmissible, c'est que M. Benaïad évalue à 2,000,000 le bénéfice sur des fermages qui ne rapportent au Gouvernement que 2,500,000 piastres, tandis qu'il se plaignait, à l'époque où il les gérait par lui-même, qu'ils ne lui donnaient que de la perte.

Il n'y a pas, au reste, sujet à discussion pour tout ceci ; car la comptabilité desdits fermages est portée avec toute la régularité possible dans les registres tenus par les agents de Son Altesse, dont les extraits, dûment légalisés, seront produits quand le moment en sera venu.

ART. 11.

Bénéfice de l'affermage pour dix ans de la perception des dîmes, impôts, etc., de Bizerte, Tubourba et autres, dont les fruits ont été constamment perçus par les agents du Bey. (Note réfutative, page 41.) — Mémoire.

A ce sujet, le soussigné se réfère à ce qu'il a dit dans sa Note explicative (pages 25 et 26).

On remarquera seulement les contradictions qui signalent le système de réclamations de M. Benaïad sur ce chef.

Lorsqu'il s'agissait de formuler ces demandes, M. Benaïad réclamait dans son Mémoire *Deux Notes* (page 9), un million pour *espèces perçues par le Kasnadar sur les Metallit,* BIZERTE, *hôtel des Monnaies et autres lieux à lui affermés.* Si l'on rapproche cette réclamation de celle de 2,000,000 de piastres, formulée par le soussigné (Note explicative, page 25), comme montant d'une obligation souscrite par M. Benaïad en faveur de Son Altesse le Bey, pour l'affermage de Bizerte et autres lieux, et de la négation qu'il fait de cette dette, en prétendant n'avoir jamais joui des fermages sus-indiqués (Réponse aux réclamations du Gouvernement tunisien, pages 25 et 26), on trouve la preuve d'une contradiction palpable de sa part.

En effet, M. Benaïad, en réclamant un million sur le fermage de Bizerte, de l'hôtel des Monnaies et des autres lieux, établit lui-même et contrairement à sa dénégation, qu'il a joui des fermages dont il s'agit. S'il n'en était pas ainsi, il aurait infailliblement réclamé une somme plus forte que celle formant le montant de son obligation qu'il n'avait délivrée que pour une partie des fermages i-dessus désignés.

§ IV.

Marchandises et valeurs de diverses natures illégitimement séquestrées ou confisquées par le Gouvernement tunisien, ou détériorées ou perdues par son fait.

ART. 12.

Marchandises diverses, draps, étoffes communes et précieuses, matières premières accumulées par M. Benaïad dans les magasins de l'établissement, dits de la Gorfa et dans ceux de la fabrication des draps. (Note réfutative, page 42.) — 3,000,000.

Sur cet article, M. Benaïad renouvelle ses allégations de séquestre, et il s'appuie notamment sur une protestation faite à Tunis par M. Le Lasseur, dont il tire diverses conclusions qui ne sont pas plus fondées les unes que les autres, car elles pèchent toutes par la base, ainsi qu'il est facile de le démontrer.

La protestation dont il s'agit ne repose, en effet, que sur des assertions faites par des agents de M. Benaïad, sans énoncer aucun fait ni dire qui soit émané des membres du Gouvernement de Son Altesse ; or, le soussigné a fait voir dans sa Note adressée à Son Excellence M. le Ministre des affaires étrangères, en date du 13 décembre 1854, au sujet des réclamations de M. Benaïad, quelle juste défiance on devait avoir des allégations provenant de ses agents, qui dirigent uniquement leurs paroles et leurs actes sur l'intérêt qu'ils peuvent y avoir. Une protestation qui ne porte que sur les dires des hommes représentant M. Benaïad ne peut, dans tous les cas, avoir d'autre foi et une autre valeur que celles qui pourraient être attribuées aux paroles de M. Benaïad lui-même.

En donnant à ces dires la forme d'une protestation, il n'a pas évidemment fait un acte qui puisse être accepté comme sincère, et, de sa part, cette protestation n'exprime que la prétention d'être cru sur son affirmation, et, par suite, de se rendre juge dans sa propre cause.

Quant au refus supposé du Kasnadar, de faire une réponse catégorique à M. Lasseur, avant d'avoir référé au Bey de ce dont il s'agissait, on n'y peut rien trouver qui autorise M. Benaïad à la conséquence qu'il en tire. Il est dans les usages et dans les convenances de tous les Gouvernements, que dans une matière litigieuse, et au sujet d'une affaire qui, par sa nature et les circonstances, peut être considérée comme importante, un ministre ne rende aucune décision sans avoir pris les ordres du souverain. Il en doit être ainsi, à plus forte raison, dans un pays tel que Tunis, où le Gouvernement est, pour parler exactement, concentré dans la personne du Bey lui-même. Au fond, le soussigné nie avec vérité que le Gouvernement eût fait aux agents de M. Benaïad les défenses supposées par ladite protestation; c'est une invention à ajouter à d'autres du même genre précédemment réfutées; toutes forment un ensemble d'expédients adaptés au système général de M. Benaïad, de se présenter comme victime d'une série de violences, séquestres, confiscations et de persécutions de tout genre.

De toutes les allégations de M. Benaïad aucune n'est plus dénuée de fondement que celle qu'il hasarde, page 43 de sa Note réfutative, portant « que la passion persécutrice et l'esprit de des- » truction étaient poussés jusqu'à s'opposer à la réparation des terrasses des magasins où ces » marchandises sont déposées, et d'où les eaux pluviales coulant et séjournant sur elles, les ta- » chaient et les pourrissaient. »

Pour que les choses se fussent passées ainsi qu'on le prétend, il aurait fallu que le Gouvernement eût établi sur les propriétés de M. Benaïad un séquestre des plus rigides, que les clefs des magasins eussent été déposées entre ses mains, et que les scellés eussent été mis sur les portes; on répète ce qui a déjà été dit, que rien de pareil n'a eu lieu. le Gouvernement ne peut donc, sous aucun rapport, avoir la responsabilité des dégradations qui ont pu affecter des bâtiments et magasins appartenant à M. Benaïad.

Art. 13

Dépenses d'établissement, achats et envois de machines, approvisionnement de 150,000 kilog. de cuivre déboursés pour l'exécution de la monnaie de cuivre de la Régence. (Note réfutative, page 44.) — 1,500,000.

Suivant son habitude, M. Benaïad élève ici des prétentions qu'il n'appuie d'aucune preuve, ni titre; rien ne lui serait cependant plus aisé que d'en fournir, si elles étaient réellement fondées.

Le directeur de l'hôtel des Monnaies ayant dû nécessairement donner des reçus pour toutes les matières ou espèces qu'il y versait, il n'aurait qu'à présenter ces reçus, à les rapprocher de ceux que ses agents ont eux-mêmes donnés des valeurs qu'ils recevaient, pour former un compte certain, et qui serait accepté. Les cuivres en flans que Kaïd Nessim aurait, suivant lui, versés à l'hôtel des Monnaies, trouveraient naturellement place dans les reçus du directeur, et conséquemment dans le compte général à dresser pour cet article.

Tant que ces justifications ne seront pas faites, et elles sont à sa charge, il sera opposé d'un juste rejet pour cette réclamation.

A l'égard des machines qu'il dit avoir achetées pour la fabrication de la monnaie, il lui a déjà été répondu, que des machines avaient effectivement été achetées par son entremise, et que le prix lui en avait été imputé dans ses comptes; mais comme maintenant il prétend qu'il s'agit d'autres machines achetées par lui dans l'année 1852, en France et en Prusse, il doit encore, comme pour le précédent article, justifier de ses prétentions par la présentation d'un compte d'achat avec les pièces à l'appui.

Art. 14.

Évaluation au minimum des créances dues par divers particuliers, dans la Régence, à M. Benaïod.
(Note réfutative, page 46.) — 10,000,000.

La réplique de M. Benaïad sur cet article est bien le plus frivole et le plus vain amas de mots, pour ne pas dire le plus ridicule, qu'il soit possible d'imaginer.

M. Benaïad n'ayant, dans son premier Mémoire, appuyé sur aucune preuve quelconque la réclamation dont il s'agit, il avait dû suffire au soussigné d'y opposer d'un rejet absolu, ce qui, en sa qualité de demandeur en cette partie, l'obligeait à fournir enfin des preuves, sous peine d'y succomber. Au lieu de procéder en conséquence, M. Benaïad étale, une nouvelle fois, avec emphase, sa qualité de *citoyen français*, d'*homme investi de la naturalisation française*, se récrie sur les *abus d'autorité* commis envers un citoyen français, et, comme il a déjà eu l'égayante audace de le faire, il proteste contre une violation, à son endroit, des *traités internationaux*.

A qui M. Benaïad prétend-il donc imposer avec un tel langage? Serait-ce à des hommes aussi profondément versés que MM. les Membres du Comité dans la science du droit public et privé, qu'il prétendrait en faire accroire sur une prétention aussi dérisoire?

Au lieu de cette déclamation si souvent reproduite, qu'il montre ou qu'il cite un seul article des lois françaises, un seul article des traités internationaux, qui dispense un naturalisé de sa responsabilité directe et positive, pour tous les faits et actes de sa part passés à l'époque où il était encore sujet de son premier Gouvernement. Qu'il exhibe, s'il le peut, dans ces mêmes lois et ces mêmes traités internationaux, une seule disposition qui exempte de toute responsabilité les actes et faits du naturalisé portant un tort ou un préjudice quelconque au Gouvernement, ou même aux sujets du Gouvernement auquel ce naturalisé a cessé d'appartenir.

Le défi est donné en termes positifs, la réponse de M. Benaïad est attendue ; car il est temps d'en finir sur des moyens aussi misérables, aussi indignes d'une cause grave, et devant un juge aussi auguste.

La conséquence obligée du droit incontestable de rechercher et poursuivre civilement et de toute autre manière le naturalisé, pour des faits antérieurs, comme pour ceux postérieurs même à sa naturalisation, dès lors qu'ils sont préjudiciables ou offensifs pour son premier Gouvernement ou seulement pour l'un ou plusieurs de ses sujets, la conséquence obligée, dit-on, de ce principe, c'est que ce dernier Gouvernement a le droit de faire dans son ressort, et sur son territoire, tous les actes conservatoires des droits et intérêts qu'il a à faire valoir à l'encontre de l'individu dont il s'agit ; il est conséquemment encore fondé à procéder, suivant les institutions et les lois de son territoire, à des séquestres, saisies-arrêts et tous autres actes de cette nature et ayant le même but. Cette conduite est le corollaire légitime de son droit primitif, et l'on ne pense pas qu'il puisse être contesté par les hommes compétents sur la matière.

Ce qui précède immédiatement est dit sous le bénéfice des dénégations opposées à M. Benaïad sur les mesures qu'il a prétendu avoir été prises dans la Régence envers ses créances, de même qu'envers ses agents, dénégations qu'il n'a détruites par aucune preuve.

Fertile en ressources, ou du moins en expédients de tout genre, M. Benaïad s'abrite derrière la qualité de naturalisé français ; et, pour préparer aux conséquences qu'il prétend en tirer, il invoque une lettre par lui reçue du Kasnadar (page 47 de la Note réfutative) peu de temps avant ce qu'il appelle la *catastrophe de 1853*, où il lui serait dit que de *grands malheurs lui arriveraient s'il ne rentre pas à Tunis*.

Le soussigné s'applaudit de l'occasion que M. Benaïad lui fournit de parler de sa correspondance avec S. E. le Kasnadar ; pour compléter les citations qu'il en fait, on va copier ici les deux lettres qu'il a écrites de Paris à Son Excellence : la première en date du 8 avril 1853 ; la deuxième, du 23 des mêmes mois et année.

Mais avant de transcrire et de discuter ces deux lettres, l'on doit faire bien comprendre le sens de la correspondance de Son Excellence le Kasnadar avec M. Benaïad ; cela réduira à une juste valeur les conséquences qu'il en déduit. Il faut savoir qu'à l'époque où cette correspondance a eu lieu, Son Altesse était atteinte d'une maladie très-grave, fait parfaitement connu du Gouvernement français : dans cette situation, le Kasnadar ne pouvait entretenir Son Altesse d'objets d'affaires, et encore moins d'affaires d'une nature aussi affligeante que celle qui concernait la conduite de M. Benaïad, devenue au moins et justement suspecte. Son Excellence le Kasnadar, ne pouvant rien prendre sur lui de décisif, correspondait avec M. Benaïad dans des formes contenues, et il se bornait, comme il devait le faire encore, à traiter avec lui d'affaires courantes, en réponse à ses communications, et à lui donner des conseils sans cesser positivement de le considérer comme un fonctionnaire de Son Altesse, et à plus forte raison comme un sujet tunisien.

Quant aux lettres que le Kasnadar a pu écrire antérieurement à M. Benaïad, on ne voit vraiment quel argument il pourrait s'en faire dans sa cause. Dès lors qu'il conservait encore, aux yeux du Gouvernement, la double qualité de sujet et de fonctionnaire tunisien, il était tout simple et naturel que Son Excellence lui écrivît en ces qualités.

Traduction d'une lettre de M. Benaïad à S. E. Sidi Moustapha Kasnadar, en date du 26 Djemed-el-Tani 1269.

Louanges à Dieu ! après les saluts d'usage, etc.

Votre Excellence n'ignore point la maladie que j'ai, qui est une maladie de foie ; les médecins m'ont ordonné de prolonger mon séjour : car en retournant dans les pays chauds, la maladie peut me revenir, n'en étant pas totalement débarrassé. Et maintenant les fables sur mon compte commencent à devenir très-répandues, et probablement Votre Excellence doit en être prévenue, et je crains qu'elles n'arrivent aux oreilles de Son Altesse, et Elle pourra se fâcher contre moi. Votre Excellence sait très-bien que le contentement de Son Altesse est le point le plus important pour moi ; par conséquent, je prie Votre Excellence de vouloir bien dire à Son Altesse que je suis toujours son serviteur et à son service, soit près d'Elle, soit éloigné pour beaucoup de temps comme pour peu de temps.

Si Son Altesse le juge convenable, tout son service à Tunis, dont j'étais chargé, marchera comme il a marché jusqu'à présent, suivant les ordonnances de Son Altesse, et mes agents resteront à ma place pour lesdites fonctions, et moi je ne quitterai jamais son service tant que je serai en vie, soit ici, soit là-bas ; moi je serai à son service ici comme ambassadeur, et je ferai tout mon possible pour faire bien marcher ses affaires, ici comme ailleurs.

Je préviens Votre Excellence que, mon séjour ici devant se prolonger, j'aurai besoin de voir arriver mon fils Ahmed et sa mère, et Votre Excellence sait quel mal porte l'isolement.

J'attends la réponse de Votre Excellence afin d'envoyer un bateau à vapeur d'ici pour les amener, s'il plaît à Dieu.

Les salutations d'usage.

Traduction d'une lettre de M. Benaïad à S. E. le Kasnadar, en date du 11 Regeb 1269.

J'avais déjà eu l'honneur d'écrire à Votre Excellence que je suis obligé de continuer mon séjour à Paris pour la guérison de ma maladie ; j'avais adressé également une prière à Votre Excellence, et j'attends sa réponse par le bateau prochain pour envoyer un bateau à vapeur chercher mon fils Ahmed et sa mère, comme j'avais prévenu Votre Excellence, et vous connaissez le mal qu'on a quand on se trouve isolé.

J'espère que maintenant Votre Excellence aura pris les ordres de Son Altesse à ce sujet, et vous m'avez répondu, car Votre Excellence sait que chacun a besoin de sa famille, et que personne ne peut se taire sur un semblable sujet.

Les salutations d'usage.

Ces deux lettres abondent en instructions d'une utile application à la cause.

On lit dans la première, des protestations de fidélité et de dévouement à Son Altesse. Si M. Benaïad prolonge son séjour à Paris, c'est seulement parce qu'il est toujours affecté d'une maladie qu'il dénomme ; il est, du reste, tout prêt, si on le veut, à continuer ses services. Seulement, comme il ne peut se passer de sa femme et de ses enfants, il demande qu'on les fasse partir pour le rejoindre.

Voilà sans doute de très-beaux sentiments ; mais il est impossible de se faire la moindre illusion sur leur sincérité, et particulièrement sur l'intention exprimée de rentrer à Tunis comme un bon serviteur du Bey, quand on sait qu'il était naturalisé français dès l'année précédente, lorsqu'il écrivait dans de pareils termes. On s'abstient de qualifier la conduite de M. Benaïad en cachant sa naturalisation, l'ignorance où il avait laissé le Gouvernement tunisien résulte de sa lettre même.

Malgré cette naturalisation, il ne craignait pas d'occuper les fonctions de représentant de Son Altesse auprès du Gouvernement français, bien que l'un fût incompatible avec l'autre, et il s'exprimait avec un ministre de Tunis comme s'il avait encore été sujet du Bey et à la tête des services qu'il s'était engagé à remplir.

Dans sa deuxième lettre, M. Benaïad commence à quitter la dissimulation, qui devenait trop gênante dans l'étrange et fausse position où il s'était placé. C'est cette deuxième lettre, ainsi que d'autres circonstances, qui ouvrit les yeux du ministre, déjà soupçonneux lors de la première sur les véritables intentions de M. Benaïad, et qui le détermina à s'en ouvrir à Son Altesse, alors rétablie, en lui déroulant toute sa correspondance et les justes griefs qui s'y rattachaient.

Une dernière observation se présente sur les deux lettres précitées : c'est qu'en les lisant il n'est pas possible de supposer que M. Benaïad eût seulement informé son souverain du fait de sa naturalisation en France ; et cependant on se rappelle que dans sa *Réponse aux réclamations du Gouvernement tunisien*, page 3, avec sa facilité ordinaire à faire des allégations sans preuves et contre toute vraisemblance, il a prétendu avoir obtenu de Son Altesse non-seulement l'autorisation, mais encore le conseil de se faire naturaliser français.

Il n'entre pas dans la question du litige de peser les expressions sans importance dont le Kasnadar a pu se servir avec M. Benaïad, mais bien de juger par les lettres de ce dernier, par sa naturalisation, antérieure à ces lettres, et par la conduite qui a suivi de sa part, si l'on peut avoir la moindre confiance en ses assertions dans ce débat, et s'il ne doit pas être irrévocablement tenu comme un sujet félon envers son premier souverain, qui a déserté des engagements solennellement contractés, interrompu des services d'où dépendait la subsistance des troupes de Son Altesse.

Et c'est une pareille conduite, des actes tels que ceux qui se sont déroulés dans la discussion de cette cause, peut-être unique dans son genre, et ceux notamment qui ont signalé les premiers temps de son séjour à Paris, conduite et faits qui, dans tous les pays, pourraient être soumis à une juridiction autre que la justice civile, ce sont de telles violations des obligations les plus sacrées, qu'il a l'audace de vouloir mettre sous la protection de sa qualité de *naturalisé français* et *des droits internationaux* !

Le soussigné croirait manquer de respect au Gouvernement de Sa Majesté l'Empereur, près duquel la cause est en instruction pour être jugée par Sa Majesté même ; il croirait surtout manquer de confiance en sa haute justice, s'il présentait une plus ample réfutation de la prétention outre-cuidante, sinon dérisoire de M. Benaïad, qui, pour être naturalisé français, paraît encore ignorer les premiers éléments du droit public et privé des Français, qui sont, d'ailleurs , communs à tous les peuples. Le soussigné a toujours entendu rester étranger à tout ce qui regarde la qualité que M. Benaïad a pu acquérir en France, à la nouvelle position qu'il a pu s'y faire ; il ne s'occupe de lui qu'en sa qualité d'ancien fonctionnaire et sujet de Son Altesse, et que des faits et actes de sa part qui ont eu lieu dans cette double qualité. M. Benaïad n'eût-il jamais été que fonctionnaire, fermier ou gérant des services de Son Altesse sans être son sujet , il n'en serait pas moins responsable envers Elle de l'exécution des obligations qu'il avait à remplir en conséquence. En les enfreignant, sa conduite eut été moins odieuse, mais elle n'en serait pas moins l'objet de justes réclamations de la part du gouvernement qui en aurait souffert préjudice.

§ V.

Propriétés immobilières de M. Benaïad, séquestrées ou confisquées.

ART. 15.

Évaluation au minimum des propriétés immobilières possédées dans la Régence par M. Benaïad.
(Note réfutative, page 47.) — 10,000,000.

M. Benaïad ayant pour méthode de multiplier des allégations et d'y persister après les dénéga-tions qui leur sont opposées, sans effectuer les preuves auxquelles l'oblige sa qualité de demandeur pour ses chefs de réclamation, l'on doit tenir compte de son tacite désistement de l'assertion par lui faite, que Son Altesse le Bey avait fait don à diverses personnes des propriétés à lui ap-partenantes.

Vaincu sur ce point, il se rabat sur le séquestre de ses propriétés immobilières, et, donnant une définition du séquestre à sa manière, il soutient qu'il est appliqué à ses propriétés dans la Régence.

Contrairement à ce qu'il prétend, l'on nie que le séquestre consiste seulement dans l'interdiction au propriétaire d'aliéner ses biens ou d'en disposer ; l'on soutient, comme un point de droit cer-tain, qu'il a surtout pour effet d'empêcher de recevoir et de disposer des revenus : or, l'on persé-vère à nier que le Gouvernement ait mis aucun obstacle à la perception et à la jouissance de ses revenus ; la preuve du contraire ne résulterait point de ce fait allégué par M. Benaïad, et nulle-ment établi du reste, que les agents chargés de la perception de ses revenus ne les lui font pas parvenir. On connaît le peu d'exactitude des agents d'un propriétaire absent à lui faire tenir ses revenus ; et les explications qu'on a données ailleurs sur la position de Hemeda Benaïad, agent principal de M. Benaïad, envers lui, montrent assez qu'il ne doit pas compter sur sa fidélité à tenir ses engagements à son égard.

Dans le dénuement où il est de toute espèce de preuves pour appuyer ses dires, il invoque le procès-verbal dressé à la demande du sieur Lasseur ; mais les prétendus faits rapportés dans ce procès-verbal ne concernent ni les propriétés immobilières de M. Benaïad, ni les revenus de ces propriétés ; il ne s'applique, suivant ses expressions mêmes, *qu'à des marchandises et autres valeurs.*

Quant à la circonstance d'une entrevue entre Son Altesse le Bey et Hemeda Benaïad, et à tout ce qui s'y serait passé, elle ne saurait être établie par le seul témoignage de Hadj Hamda Zulim, qui pouvait être intéressé à retenir les *marchandises et valeurs dont il s'agit*, et cependant il résulte du procès-verbal qu'il est le seul attestant de ces prétendus faits sur des ouï-dire ; et comme il en résulte aussi que les deux personnes qui y sont dénommées comme plus ou moins attachées au Consulat de France, n'ont point assisté à cette entrevue, on ne sait vraiment ce qu'elles ont pu attester valablement, si ce n'est qu'elles auraient assisté à l'entrevue prétendue du sieur Lasseur avec Hadj Hamda Zulim, agent de M. Benaïad ; or, l'on sait déjà quelle confiance il faut avoir aux paroles de ses agents. De tout cela il résulte que ce procès-verbal est vraiment la pièce la plus insignifiante qu'on puisse imaginer.

Le deuxième procès-verbal invoqué par M. Benaïad est aussi étranger que le premier à ses propriétés immobilières et aux revenus de ces propriétés ; il ne se rapporte qu'à la délégation sur la ferme des cuirs. Tout ce qui semblerait constaté par ce procès-verbal, c'est que les personnes, notaire compris, qui se sont présentées chez le général Farhat, directeur de la ferme des cuirs, n'ont pu en être reçues, parce qu'il dormait dans ce moment. Dans tous les cas, en tenant pour vraie la réponse attribuée au général, elle serait complétement rationnelle et motivée depuis la notification faite par Son Altesse au Consul général de France à ce sujet. Il est vraiment pitoyable de vouloir tirer des preuves de pareils documents, et d'en argumenter avec tant d'assurance.

Il est superflu d'opposer une dénégation spéciale aux reproches répétés de mauvais traitements ou violences prétendu exercés envers les agents de M. Benaïad. Sur ce point, comme toujours, M. Benaïad allègue et ne prouve pas ; et quand il produit des pièces, comme, par exemple, les deux procès-verbaux, il se trouve que ces pièces n'établissent rien de pareil à ce qu'il a avancé.

Si les allégations de M. Benaïad sur ce point avaient quelque fondement, il n'aurait pas manqué de désigner spécialement celui ou ceux de ses agents qui auraient subi les mauvais traitements dont il parle.

L'on persiste à soutenir que rien de pareil jusqu'à présent n'est arrivé à aucun d'eux, sans entendre toutefois reconnaître un privilége d'impunité aux agents de M. Benaïad, si, par leur conduite, ils se mettaient dans le cas de mériter quelque punition.

On relèvera, en passant, la singularité des prétentions de M. Benaïad, qui, d'une part, veut que le Gouvernement tunisien force ses débiteurs à s'acquitter envers ses agents, et qui, de l'autre, soutient que le Gouvernement n'a pas le droit d'obliger ces mêmes agents à rembourser les sommes dont ils sont reliquataires.

Deux mots encore sur le point de droit au sujet de la délégation sur le fermage des cuirs dont il s'agit dans le susdit procès-verbal. Le soussigné est en instance auprès du Gouvernement français pour des réclamations d'un énorme chiffre contre M. Benaïad. Un arbitrage est engagé devant l'auguste chef du Gouvernement, au sujet de ces réclamations ; et l'on voudrait que le Gouvernement tunisien se dessaisît, au profit des agents de M. Benaïad, des produits de l'une des branches du service public, sous prétexte qu'il est porteur d'un teskéré à lui remis antérieurement à l'époque où il a rompu, par son seul fait, tous les contrats qu'il avait passés avec le Gouvernement tunisien, qu'il a violé tous ses engagements envers lui ; engagements dont une partie se rapportent à ce teskéré même ! Habitué si longtemps à une excessive faveur de la part de Son Altesse, couvert de ses bontés et de ses bienfaits, M. Benaïad ne peut sans doute se faire à l'idée que Son Altesse ait pu se dessiller les yeux à son égard, et qu'elle puisse aujourd'hui vouloir sérieusement compter avec lui.

L'on ne peut répondre sur un grief aussi vaguement articulé (page 49 de la Note réfutative) que *celui de récents actes de compression et de force du Gouvernement tunisien*, objet d'une lettre à Son Excellence M. le Ministre des Affaires étrangères, qui n'est pas produite aux débats. Quelque étrangers que ces prétendus faits soient à la cause, de même que toutes les allégations analogues, on se réfère sur ce point à la Note que le soussigné a eu l'honneur d'adresser à Son Excellence, en date du 13 décembre dernier, ainsi qu'à la lettre du 15 Sfar 1271, que Son Altesse a écrite à ce sujet à M. le Consul général de France à Tunis.

La lettre insérée par M. Benaïad aux pièces justificatives n° 7, annexées à la Note réfutative, au sujet des biens de son fils, ne contient nullement ce qu'il lui fait dire, lorsqu'il affirme une décision de refus de la part du Kasnadar ; elle exprime seulement l'intention manifestée par Son Excellence, de référer de cette affaire à Son Altesse, et l'on y ajoute seulement que *la décision du Bey est attendue*. Et c'est M. Benaïad qui dit et répète, que son adversaire *altère* et *dénature* les pièces qui lui sont opposées, lui, qui altère et dénature, et on l'a déjà prouvé ailleurs, celles qu'il produit lui-même ! Au surplus, on se réfère aussi sur ce chef à la lettre et à la Note précitées qui s'en occupent également.

Art. 16.

Sommes et valeurs laissées par le fils de M. Benaïad à sa mort en 1852. (Note réfutative, page 50.) — Mémoire.

Le soussigné ne peut que se référer à sa précédente réponse sur cet article. Suivant son habitude, M. Benaïad n'oppose que de nouvelles allégations et toujours sans preuves aux dénégations précises du soussigné et au récit irréfutable des circonstances qui témoignent de la bonté de Son Altesse, dont la maladie et la mort du fils de M. Benaïad ont été accompagnées, circonstances d'une telle nature, que le soussigné, indépendamment de son caractère, a quelque droit d'être cru, à leur égard, sur son affirmation qu'il maintient. Mais M. Benaïad dépasse les bornes de la polémique en voulant mettre à la charge du soussigné la preuve d'un fait entièrement étranger au Gouvernement tunisien, à savoir *que l'héritage du fils Benaïad a été remis aux mains du neveu et du beau-frère de M. Benaïad.*

La présence sur les lieux de la mère, de l'aïeul, du frère, du cousin et du beau-frère du défunt, dont les uns étaient ses héritiers naturels, et les autres les agents de M. Benaïad lui-même, repousse suffisamment la supposition que le Gouvernement ait pu s'ingérer dans l'héritage, fait qui est, d'ailleurs, de toute fausseté.

§ VI.

Art. 17.

Intérêts à 6 0/0 dus sur toutes les sommes échues et non liquidées par la faute du Gouvernement tunisien. (Note réfutative, page 51.) — Mémoire.

L'on a toutes raisons de penser que M. Benaïad n'insiste et pour *mémoire* sur l'article *des intérêts,* et qu'il ne l'a même imaginé, que pour donner une couleur sérieuse à tant de prétentions qui, très-évidemment, n'en portent pas le caractère. Cette petite manœuvre de sa part, en rapport avec la pauvreté de sa cause, sera bien facilement appréciée.

M. Benaïad n'a élevé des réclamations contre le Gouvernement tunisien que reconventionnellement aux justes demandes qui ont été proposées contre lui. Quelles que soient les allocations qui lui seraient faites dans cette instance, il devrait, incontestablement, demeurer reliquataire des sommes les plus élevées ; et il vient parler d'intérêts, et quels intérêts encore ! d'intérêts moratoires que la loi d'aucun pays ne reconnaît et n'accorde, avant l'assignation du moins ; et il fait de cette demande un chef distinct de celui des *dommages-intérêts* dans lequel il se confondrait logiquement ! Tout cela est, en vérité, par trop dérisoire, et l'on regrette les lignes qu'on écrit en réponse à une telle prétention.

§ VII.

Art. 18.

Indemnité due pour violation et rupture des contrats. (Note réfutative, page 52.) — Mémoire.

Il en est de cet article comme du précédent, c'est un expédient pour le besoin de la cause ; les deux articles se confondent, d'ailleurs, par leur nature similaire, ainsi qu'on vient de l'observer. C'est ici surtout que le soussigné pourrait simplement se référer à ce qu'il a dit précédemment (Note lithographiée), à propos de la banque; article sur lequel les torts de M. Benaïad, sa désertion du contrat et des engagements qu'il y avait pris, ont la clarté de la lumière du soleil.

M. Benaïad semble contester ce qu'il avait reconnu vrai (dans son mémoire, *Deux notes*, page 4), savoir : que son contrat l'obligeait à déposer dans les caisses de la Banque une somme égale à celle des billets en circulation. Ce point seul avéré, et l'on n'a nullement besoin pour cela de l'aveu de M. Benaïad, puisque le contrat, soit l'amhra dont il s'agit, implique cette obligation, M. Benaïad est incontestablement mis en défaut sur ce chef, et à l'état de rupture de son contrat même.

En vain prétend-il que le Gouvernement tunisien est couvert par les sommes qu'il lui doit à lui-même ; le cercle vicieux dans lequel tombe M. Benaïad, en jugeant si commodément dans sa propre cause, ne peut échapper à personne. Vainement encore ajoute-t-il, qu'il a eu mains les billets en question, et qu'il les rendra moyennant l'acquittement de ce que le Gouvernement lui doit. L'on a toute sorte de raisons pour ne pas trouver que des valeurs que M. Benaïad prétend avoir en mains, ne peuvent être considérées comme étant dans les coffres de la banque, où est seulement leur place; et quant à la condition qu'il met à leur remise dans celles de la Commission ou du Gouvernement tunisien, qu'il le dise sérieusement ou non, cela ne mérite pas de réponse.

L'on ne reviendra pas sur les preuves accumulées, dans cette longue discussion, de la violation des autres engagements de M. Benaïad envers Son Altesse ; elles ressortent de tout côté; l'on ne peut que s'y référer.

Mais il est une preuve palpable et irrécusable de cette violation et de la rupture de toutes les obligations, de tous les engagements de M. Benaïad, et il sent bien qu'elle le presse comme un aiguillon dont l'une des extrémités est à découvert pour tous les yeux, puisqu'il s'agite sans cesse pour s'en délivrer; c'est celle de son départ de Tunis dans les circonstances où il a eu lieu, avec les prétextes de santé et autres qu'il lui a donnés auprès de Son Altesse, avec le transport simultané en France de toutes ses richesses mobilières, avec la persistance de son séjour à Paris, coloré d'abord par la qualité de représentant de Son Altesse, qui, en la lui déférant, ignorait l'état des choses, dans l'état de maladie où Elle se trouvait; c'est enfin la preuve acquise, et à laquelle il a lui-même aidé en produisant les prétendues lettres du Kasnadar, de son opiniâtreté à rester à Paris, malgré les instances qui lui étaient faites pour revenir au poste où des devoirs nombreux, et sacrés pour un autre, le rappelaient si vivement.

La preuve dernière et culminante de la désertion des contrats par M. Benaïad, c'est cette naturalisation en France, acte très-explicable de la part d'un Gouvernement qui ignorait ses méfaits, mais qui, de sa part à lui, témoigne hautement de l'abandon qu'il faisait de toutes ses obligations et de tous ses rapports avec le Gouvernement tunisien; naturalisation dont il a cependant la témérité de se faire un rempart contre toute recherche de son passé à Tunis, et contre toutes les réclamations qui lui sont faites.

Il faut être bien dépourvu de ressources dans la défense, pour se rejeter sur une prétendue compatibilité entre son séjour à une si grande distance de Tunis, sa qualité de naturalisé français, et les fonctions et allégations résultant de ses contrats avec Son Altesse, et tout spécialement avec la qualité de directeur de la Banque, et celle de fermier général des principaux services de l'État, qualités qui exigent évidemment de leur nature, et pour les fonctions quotidiennes qui s'y rattachent, la présence incessante de celui qui en est revêtu. Ces observations s'appliquent d'autant mieux à M. Benaïad, qu'à la très-grande distance où il est de Tunis, il a encore eu la précaution de défendre à ses agents de ne rien livrer au Gouvernement de Son Altesse, et cela seul suffirait pour constituer de sa part la rupture des contrats, par la violation des engagements pris.

Qui ne voit pas que la personne qui a contracté avec son souverain, dans la condition de son sujet, demeurant dans ses États, placé très-près de lui par la faveur dont il jouissait de sa part, qui a reçu, par ces contrats mêmes, la preuve d'une confiance intime et toute personnelle, n'est plus la personne avec laquelle ce souverain a entendu traiter, lorsque tout est changé dans ces conditions d'existence, et qu'un changement si absolu dans les circonstances qui ont été motifs et causes dans les contrats, constitue la résiliation et la rupture des contrats mêmes, de la part de celle des parties qui a changé ces circonstances et conditions? Tout ce qui précède découle des principes élémentaires des obligations et des contrats.

Les assimilations mises en avant par M. Benaïad, et puisées dans tel ou tel exemple d'étranger (et il se trompe quant à celui qu'il a cité) exerçant des fonctions dans un État, pèchent par la base même, et ne peuvent s'appliquer à la position de M. Benaïad, puisque, dans le cas dont il parle, l'étranger fonctionnaire réside dans les États du souverain de qui dépendent les fonctions à remplir.

L'impossibilité d'un parallèle sérieux ressort de tous les côtés, mais il ne peut convenir au soussigné de le démontrer davantage ; c'est par un motif qui sera certainement apprécié de MM. les Membres du Comité.

M. Benaïad termine la discussion sur cet article par son perpétuel refrain de la naturalisation obtenue et des priviléges, plus que singuliers, qu'il y attache ; et il déclare fièrement que sa qualité de citoyen français, ainsi que sa résidence à Paris, étaient et qu'elles sont conciliables avec l'exécution des contrats qu'il a passés avec Son Altesse. *Risum teneatis !*

L'échafaudage élevé par M. Benaïad, sous le prétexte d'une dérisoire demande en dommages-intérêts, ne peut donc se soutenir sous aucun rapport. Cette demande n'a d'ailleurs qu'un but, c'est de donner le change sur l'état de la question ; mais il n'y parviendra pas à la fin d'une discussion où le bon droit est mis en évidence.

MM. les Membres de la Commission ne manqueront pas de remarquer que c'est M. Benaïad, malgré la défense de sa religion, qui demande pour *mémoire*, il est vrai, des *intérêts* et des *dommages-intérêts* à la suite des prétentions qu'il a émises, tandis que le soussigné s'abstient de formuler de pareilles demandes, et notamment celle des dommages-intérêts, dont le droit dérive naturellement des points qu'il a incontestablement établis, dommages-intérêts qui seraient on ne peut plus fondés.

CONCLUSION.

MM. les Membres de la Commission peuvent maintenant apprécier les réclamations de M. Benaïad. Quelques-unes sont incontestées au moins partiellement, et l'on s'est empressé de reconnaître le droit qu'il pouvait y avoir, sauf compte ; beaucoup d'autres sont sans aucune espèce de fondement, et parmi les articles où ces dernières se rangent, il en est un certain nombre sur lesquels portent des réclamations mêmes du Gouvernement tunisien ; quelques-unes enfin, telles que celles des intérêts et l'indemnité, n'ont été évidemment mises en avant que pour donner à sa cause, à un point de vue général, le semblant de la cause la plus sérieuse et la plus légitime.

Ce que l'on trouve au fond de toutes les réclamations de M. Benaïad, c'est, d'une part, la prétention de se donner pour créancier, au lieu d'être un débiteur ; par suite, pour un homme qui, bien que devancé par le Gouvernement tunisien, était en mesure et sûrement dans l'intention de se porter lui-même réclamant et demandeur envers un Gouvernement qu'il avait servi de son crédit comme de ses talents administratifs et financiers, qu'il avait soutenu de ce crédit et de sa fortune, et préservé des embarras financiers où, suivant lui, le Gouvernement serait tombé depuis sa retraite.

Ce système de défense et d'attaque, il l'a soutenu avec une audace et une présomption tellement imperturbables, qu'elles pourraient en imposer aux lecteurs de ses Mémoires qui se laisseraient aller au courant de paroles sonores et vantardes, sans s'attacher à la chaîne des faits établis et des actes écrits, constatant avec netteté et précision les obligations de M. Benaïad, et à la série des mêmes faits qui mettent en relief les violations des engagements contractés et les énormes valeurs dont il est demeuré reliquataire. A l'examen, il ne reste établi, d'une part, que l'indignité de sa conduite, exemple à citer longtemps pour montrer que si les rois ont historiquement encouru les reproches d'ingratitude, leurs sujets peuvent en fournir des preuves monstrueuses ; et, d'autre part, en fin de discussion, que l'énormité de sa dette dans la vérité des choses. Cette dette est tout le litige ; car, encore une fois, les demandes reconventionnelles ne sont qu'une combinaison systématique dans la défense. Mais admettant, par la supposition d'un instant, que non-seulement en fin de compte M. Benaïad ne dù rien à Son Altesse, mais encore et que, comme il le prétend, il fût seul créancier, et pour les millions qu'il réclame en effet, que faudrait-il penser et dire alors de cette fortune que M. Benaïad qualifie lui-même d'opulente, de cette opulence bien effective qui donne en France des échantillons d'existence suffisants déjà pour le placer parmi les plus riches de Paris et de l'Empire ? Cette immense fortune, pour laquelle il n'éprouve et n'exprime que l'embarras des placements, d'où est-elle venue à M. Benaïad? comment lui est-elle acquise? lui vient-elle de Mohammed Benaïad, son père ? Mais il s'est abstenu de recueillir sa succession, et n'a pas voulu accepter la qualité d'héritier; et en cela, comme toujours, il a été guidé par ses intérêts, abstraction faite d'honneur, car son père, abandonné de son fils et trompé, disait-il, par lui, s'était, dans les dernières années de sa vie, réfugié au Consulat anglais, dépourvu de toutes ressources. Sa position personnelle était telle d'ailleurs, au commencement de ses relations avec Son Altesse, qu'il ne pouvait pas acquitter une dette de 330,000 piastres pour laquelle il fut vainement poursuivi. (Note explicative, page 26.)

Cette fortune enfin, comment l'a-t-il faite ? Il ne prétendra pas que ce soit dans des spéculations personnelles, étrangères à ses relations avec Son Altesse le Bey. Il est de notoriété dans la Régence de Tunis, que M. Benaïad n'y a fait aucune opération industrielle et commerciale quelconque ; à l'étranger, il ne s'y est rendu que riche et opulent. Qu'il en convienne ou non, car des aveux, on ne peut en espérer de M. Benaïad, la source de cette fortune qui étonne à Paris même où il y en a de si élevées, la source unique, elle est dans les affaires qu'il a faites avec Son Altesse, elle est dans les bénéfices qu'il a tirés de ses relations avec le Bey, dans la manière dont il a exploité sa haute confiance.

Mais pour être légitimes et bien acquis, les bénéfices et l'exorbitante fortune qui en est résultée doivent être provenus d'opérations loyalement faites, c'est-à-dire de la probe et honnête exécution des contrats passés avec Son Altesse et de gestions honnêtement exercées aussi. L'on reconnaîtrait la même irréprochabilité dans l'accroissement de biens provenant des libéralités du prince envers un sujet qui lui était cher. Mais quelque avantageux que les contrats passés avec M. Benaïad aient été pour lui, quelque bonne part qui lui ait été faite pour les gestions temporaires dont il a été chargé, si haut que l'on puisse faire monter les bénéfices qui en ont résulté pour lui et les libéralités qu'il aurait reçues de Son Altesse, on n'arrivera jamais à se persuader que dans un État d'un rang aussi secondaire que celui de la Régence de Tunis, et dans l'espace des douze à treize années qu'ont duré les opérations et la faveur de M. Benaïad, il ait pu accumuler les millions qu'il possède, sans se faire la part du lion dans l'exécution des contrats et dans l'exercice de ses gestions, comme on a solidement prouvé qu'il l'a fait; la fortune de M. Benaïad est celle d'un grand nabab de l'Inde, et le Bey de Tunis lui-même n'en est pas un. Et cependant, à en croire M. Benaïad, toute cette fortune ne lui est pas seulement acquise très-légitimement, mais le Bey doit encore vider son trésor pour acquitter ses dettes envers lui !

L'opulence de M. Benaïad est à elle seule un phare lumineux qui éclaire toute la cause. Tant qu'il n'en aura pas donné une satisfaisante explication, et cela ne lui est pas possible, on en verra à bon droit la source dans les détournements et les forfaitures qui sont d'ailleurs établis, et l'on aura droit de conclure du brusque et injustifiable abandon qu'il a fait de l'*État barbaresque*, comme il a le bon goût d'appeler le pays où il est né et où il avait paisiblement et si doucement élevé sa fortune, au milieu de toutes les faveurs d'un souverain bon pour tous ses sujets, et vraiment sans mesure pour M. Benaïad, l'on aura, dit-on, le droit d'en tirer cette conséquence, qu'il n'a quitté la Régence que parce qu'il n'avait pas le courage d'y étaler le scandale de ses inexplicables richesses, et qu'il ne croyait pouvoir en jouir avec sûreté qu'à l'étranger, loin des regards du souverain qu'il avait indignement trompé.

L'on termine par un mot sur le jeu d'esprit auquel M. Benaïad se livre sur ce qu'il appelle agréablement et à tant de reprises, le *signataire anonyme* de la Note lithographiée. L'adversaire a voulu à toute force s'amuser, malgré la gravité de la cause; car il n'a pu douter un instant que le soussigné, qu'il sait parfaitement être le représentant accrédité de Son Altesse le Bey, ne peut omettre de signer les mémoires qu'il a l'honneur de mettre sous les yeux du Comité, et il doit savoir aussi qu'il n'est pas obligé de signer les mêmes mémoires pour l'impression qui en est faite.

PARIS. — IMPRIMERIE CENTRALE DE NAPOLÉON CHAIX ET C‹ⁱᵉ›, RUE BERGÈRE, 20. — 234.